utb 4458

Eine Arbeitsgemeinschaft der Verlage

Böhlau Verlag · Wien · Köln · Weimar
Verlag Barbara Budrich · Opladen · Toronto
facultas · Wien
Wilhelm Fink · Paderborn
A. Francke Verlag · Tübingen
Haupt Verlag · Bern
Verlag Julius Klinkhardt · Bad Heilbrunn
Mohr Siebeck · Tübingen
Nomos Verlagsgesellschaft · Baden-Baden
Ernst Reinhardt Verlag · München · Basel
Ferdinand Schöningh · Paderborn
Eugen Ulmer Verlag · Stuttgart
UVK Verlagsgesellschaft · Konstanz, mit UVK/Lucius · München
Vandenhoeck & Ruprecht · Göttingen · Bristol
Waxmann · Münster · New York

Franz Schott

Lernen, verstehen,
Prüfungen meistern

Waxmann
Münster · New York

Prof. em. Dr. Franz Schott war Lehrstuhlinhaber für Pädagogische Psychologie an der Technischen Universität Dresden.

Online-Angebote oder elektronische Ausgaben sind erhältlich unter www.utb-shop.de

Bibliografische Informationen der Deutschen Nationalbibliothek
Die Deutsche Nationalbibliothek verzeichnet diese Publikation in der Deutschen Nationalbibliografie; detaillierte bibliografische Daten sind im Internet über http://dnb.d-nb.de abrufbar.

utb 4458
ISBN 978-3-8252-4458-3

© Waxmann Verlag GmbH, 2015
www.waxmann.com
info@waxmann.com

Einbandgestaltung: Atelier Reichert, Stuttgart
Einbandmotiv: © Martin Herget, photocase.de
Satz: Stoddart Satz- und Layoutservice, Münster
Druck: Mediaprint, Paderborn

Gedruckt auf alterungsbeständigem Papier,
säurefrei gemäß ISO 9706

Inhalt

Vorwort

Dieser Ratgeber wendet sich an alle, die ihr Lernen verbessern wollen, an Studierende an Hochschulen und Fachhochschulen, an Schülerinnen und Schüler der Sekundarstufe II, an die Personen, die im Rahmen einer Fort- und Weiterbildung neue Kompetenzen erwerben wollen, und an alle, die einfach ihren Wissenserwerb und ihre Wissensanwendung optimieren möchten.

Dieser Ratgeber über Lernstrategien hat eine längere Geschichte. Anfang der 1970er Jahre arbeitete ich an der psychotherapeutischen Studentenberatungsstelle des Studentenwerks der Technischen Universität Braunschweig. Studierende, die diese Beratungsstelle aufsuchten, hatten oft Probleme mit dem Lernen oder mit Prüfungen, sodass immer wieder die gleichen Ratschläge erforderlich waren, die ich schließlich in einem ersten Ratgeber zusammenfasste.

Auf dieser Basis entwickelten die damaligen Psychologiestudentinnen Maren Günther und Renate Heinze im Rahmen ihrer Diplomarbeiten unter meiner Anleitung zwei Trainingsprogramme und erprobten diese in empirischen Untersuchungen. Diese Trainingsprogramme wurden im Sinne des damals aktuellen Programmierten Unterrichts gestaltet. Das Ergebnis war ein Ratgeber in Buchform, der 1977 erschien und eine weite Verbreitung fand (Günther, Heinze & Schott, 1977).

Völlig unabhängig davon wurde fast zwei Jahrzehnte später dieser Ratgeber noch einmal von Friederike Holz-Ebeling erfolgreich empirisch erprobt und für empfehlenswert befunden (Holz-Ebeling & Buchloh, 1995). Noch einmal knapp zwei Jahrzehnte später habe ich diese Fassung als Ausgangspunkt genommen, einen aktuellen Ratgeber zu konzipieren, der um zusätzliche Themen erweitert wurde. Die so entstandene Version war dann Gegenstand weiterer Erprobungen und Verbesserungen im Rahmen eines forschungsorientierten Seminars an der Technischen Universität Dresden unter meiner Leitung und der Mitarbeit der Psychologiestudenten Magdalena Brodocz, Mandy Lobsch und Robert Georges. Ein wichtiger Teil dieser Erprobung war ein Seminar für Lehramtsstudierende zum Thema Lernstrategien an der Universität Rostock im Sommersemester 2013. In diesem Seminar haben 24 Studierende die Vorform des vorliegenden Textes durchgearbeitet, Übungsaufgaben dazu ausgeführt und die einzelnen Abschnitte beurteilt. Dabei wurde der Text überwiegend als sehr gut bewertet. Die ausführlichen Rückmeldungen führten zur weiteren Verbesserung des Ratgebers. Das Seminar in Rostock leitete Shahram Azizi Ghanbari. Ich möchte ihm und den beteiligten Studierenden an dieser Stelle danken. Es folgte eine weitere Erprobung und Verbesserung dieses Textes nach einer zusätzlichen Studie mit einigen Personen. Die kritische Durchsicht durch meine Frau, eine Lehrerin, führte schließlich zur vorliegenden Fassung. Dafür danke ich ihr herzlich.

Ich wünsche Ihnen eine lohnende Lektüre. Für Kritik, Verbesserungsvorschläge und jede Art von Rückmeldung zu diesem Text bin ich Ihnen dankbar (Franz.Schott@tu-dresden.de).

Dresden, Mai 2015
Franz Schott
im Namen aller, die an der Entstehung dieses Ratgebers beteiligt waren.

1. Einleitung

Dieser Text soll ein nützlicher Ratgeber für erfolgreiches Lernen sein. Zunächst werden im Folgenden Lernprobleme durch einen Fallbericht veranschaulicht. Anschließend zeige ich Ihnen, wie Sie diesen Ratgeber am besten und profitabelsten nutzen.

1.1 Ein Fallbeispiel

Anna Müller[1], 23 Jahre alt und verheiratet, fiel bei der ersten Lehramtsprüfung für Grund- und Hauptschulen durch und gab zunächst ihr Studium auf. Kurz darauf kam ihr erstes Kind zur Welt. Ein Jahr nach ihrer misslungenen Prüfung entschloss sich Anna Müller, es noch einmal zu versuchen. Sie nahm sich ein für die Prüfung wichtiges Buch vor und war bemüht, sich mit dem Inhalt vertraut zu machen. Für die inzwischen „hauptamtliche" Hausfrau und Mutter war es nicht einfach, überhaupt Zeit zum Studieren zu finden. Ein für sie typischer Tag verlief so:

Morgens, nachdem ihr Mann zur Arbeit gegangen war, nahmen ihr kleiner Sohn und der Haushalt Anna voll in Beschlag. Mittags kam ihr Mann, Lehrer von Beruf, zum Essen nach Hause. Nach dem Essen wurde sie müde, las die Zeitung, und bald war es Nachmittag. Endlich, nach dem Kaffee, konnte sie sich dazu durchringen, das ungeliebte Fachbuch zur Hand zu nehmen. Da sie am Vortag viel zu wenig von ihrem, sich selbst auferlegten, Lesepensum von 25 Seiten pro Tag geschafft hatte, musste sie heute mindestens 30 Seiten lesen – so sagte sie sich. Das Lesen war sehr mühsam, ihre Gedanken schweiften ab, ihr Sohn und ihr Mann unterbrachen sie hin und wieder. Eine Stunde war bereits vergangen, sie hatte erst drei Seiten gelesen. Sie wollte doch 30 schaffen! Sie stieß beim Lesen auf den Hinweis zu einem bereits abgehandelten Problem. Was war das doch? Sie konnte sich nicht mehr erinnern. „Ich habe den roten Faden verloren!", dachte Anna Müller, und Eindrücke von der misslungenen Prüfung breiteten sich in ihrem Bewusstsein aus. Deutlich erinnerte sie sich: Der Prüfer, den

---

1   Der geschilderte Fall hat insofern Realitätscharakter, als er sich in wesentlichen Aspekten auf die Beratung einer Studentin (ihr Name wurde geändert) bezieht, die der Autor in einer psychotherapeutischen Studentenberatungsstelle durchführte. Näheres in: Schott (1979).

sie schätzte und vor dem sie sich nicht blamieren wollte, hatte ihr gegenüber gesessen und sie ungeduldig angeschaut. Die vergangene Szene wurde zur Gegenwart: Was meint Professor Huber nur? Ich kann seine Frage nicht einordnen! Mist! Ich verliere den roten Faden! In meinem Kopf breitet sich eine große Leere aus. Warum wirft der Protokollant dem Prüfer so bedeutungsvoll-ironische Blicke zu? Jetzt bloß keine Tränen! Ein Kloß verstopft ihr den Hals. Kalte Schauer laufen ihr den Rücken hinab.

Mit aller Macht versuchte Anna Müller diese lähmende Vorstellung zu verscheuchen: Sie brauchte eine Ablenkung! Sie legte das Fachbuch aus der Hand, ging in die Küche und begann mit dem Abwasch. Ihre Beklemmung wich, sie bekam wieder einen klaren Kopf. „Ob ich es schaffen werde?", fragte sie sich, um sich gleich selbst die Antwort zu geben: „Ich muss mich mehr zusammenreißen!" Sie verließ die Küche, nahm das Fachbuch wieder zur Hand und bemühte sich, die verlorene Zeit einzuholen, indem sie versuchte, gleichsam Zeile für Zeile durch den Text zu rennen. Aber sie stolperte bald über ein Problem, musste zurückblättern und verlor vollends den roten Faden. Inzwischen war es schon dämmrig geworden, Zeit für das Abendessen. Sie war froh, bei der Vorbereitung auf andere Gedanken zu kommen. Nach dem Abendbrot war sie erschöpft. Ihr Mann hatte einen interessanten Fernsehkrimi eingeschaltet. Sie sah mit zu. Als sie gegen 23 Uhr ins Bett ging, war die Prüfung wieder um einen Tag näher gerückt. In Gedanken sah sie sich schon vor dem Prüfungszimmer warten und nichts mehr wissen. Nur die Beschwörung „Morgen werde ich mich ganz bestimmt zusammenreißen und mehr tun!" konnte ihre Unruhe in Grenzen halten.

Der nächste Tag verlief aber wieder ähnlich. Sie arbeitete wenig und nicht gezielt. Dadurch wuchsen ihre Befürchtungen, die Prüfung nicht zu bestehen. Die wachsende Prüfungsangst wiederum hemmte ihre Konzentrationsfähigkeit. Nach drei Wochen wusste sie sich nicht mehr zu helfen und suchte die Studentenberatungsstelle auf.

Es zeigte sich, dass Anna Müller nicht in der Lage war, sich genügend Arbeitszeit pro Tag einzuräumen und während dieser Zeit gezielt und konzentriert zu studieren. Entsprechend wurde eine Reihe von Maßnahmen ergriffen, um ihre Einteilung der Arbeitszeit, ihre Arbeitsintensität und ihre Arbeitstechnik zu verbessern.

Zunächst ging es bei Anna darum, die zeitliche Tageseinteilung günstiger zu gestalten. Nachdem der beratende Psychologe ihr und ihrem Ehemann einige einfache Lernprinzipien erläutert hatte, berieten sie gemeinsam, wie sie ihr Leben so organisieren könnten, dass Anna genügend Zeit zur Prüfungsvorbereitung hat. Vor allem sollte sie den täglichen Beginn dieses Lernens für die Prüfung nicht länger durch das Dazwischenschieben aller möglichen anderen Tätigkeiten bis auf den Nachmittag hinauszögern. Stattdessen wurde vereinbart, dass sie einen Tagesablaufplan einhält, bei dem sich bereits vormittags Lerntätigkeiten mit anderen Tätigkeiten (z.B. Haushalt) abwechseln.

Mit einer bloßen Änderung des Tagesablaufes war es nicht getan. Es mussten Maßnahmen ergriffen werden, die bewirkten, dass Anna Müller tatsächlich über Wochen hinweg ausreichend viel und intensiv arbeiten konnte. Sie begann, ihr Arbeitsverhalten genau zu protokollieren und sich selbst kleine Belohnungen für ihre Studienbemühungen auszusetzen, bis sie am Lernen so viel Geschmack gefunden hatte, dass sie dieser kleinen Belohnungen nicht mehr bedurfte.

Ein ausgiebiges und konzentriertes Arbeiten allein hätte Anna vermutlich nicht zum Ziel geführt. Wie eine genauere Analyse ihres Lernverhaltens ergab, verfügte sie nicht über hinreichend effektive Lerntechniken. Daher erlernte sie zusätzlich eine Methode, wie man Büchern und Skripten das Wesentliche entnehmen kann.

Nachdem sie ihren Tagesablauf geändert hatte und regelmäßig mit einer effektiven Arbeitstechnik studieren konnte, ließen auch ihre Prüfungsängste nach. Dennoch sah sie sich manchmal vor einem fast unüberwindbaren Berg von zu bearbeitenden Texten stehen. Auch dachte sie hin und wieder an die Situation der mündlichen Prüfung. „Ob ich im Ernstfall das Gelernte auch in der Prüfung vorbringen kann?", fragte sie sich besorgt. Daher wurde mit Anna eine Strategie der Prüfungsvorbereitung geplant und ausgeführt, die es erlauben sollte, die Übersicht und Kontrolle über die Vorbereitungszeit zu behalten. Weiterhin wurde überlegt, was sie noch tun könnte, damit sie in der Prüfung ihr Wissen und Können tatsächlich zeigen konnte.

Während der gesamten Beratung wurde darauf geachtet, dass Anna sich den Umständen entsprechend wohl fühlte. Die Verbesserungen ihrer Lerntechniken sollten – so gut wie möglich – durch eine angenehme Lebensqualität begleitet sein.

Anna beendete ihre Prüfung erfolgreich und mit gestärktem Selbstvertrauen.

Die hier angesprochenen Maßnahmen werden in diesem Ratgeber ausführlich erläutert. Darüber hinaus werden weitere Ratschläge und Anregungen gegeben.

1.2 Anregungen zur Nutzung dieses Ratgebers

Dieser Ratgeber möchte Ihnen helfen, Ihre Arbeitstechniken zu verbessern, und dazu zahlreiche Tipps geben. Was er jedoch nicht leisten kann, ist die Lösung persönlicher Probleme, die über eine verbesserungsbedürftige Arbeitstechnik hinausgehen. Wie eine Arbeitsstörung im individuellen Fall zu beurteilen ist, hängt von vielem ab, unter anderem davon, welche Funktion Arbeit und Leistung im gesamten Leben einer Person haben. Lebt diese beispielsweise nach der Maxime: „Ich bin nur das wert, was ich in den Augen anderer leiste!", so wird eine Verbesserung der Arbeitstechnik ihre Unzufriedenheit wahrscheinlich nicht beseitigen, sondern dazu führen, dass sie noch mehr Leistung von sich fordert. Wer also unter Arbeitsstörungen leidet und durch die hier vermittelten Arbeitstechniken keine Hilfe findet, sollte sich nicht scheuen, den Rat eines Experten einzuholen, wie er zum Beispiel von psychotherapeutischen Studentenberatungsstellen, von Erziehungsberatungsstellen oder von frei praktizierenden Psychologinnen oder Psychologen und Psychotherapeutinnen bzw. -therapeuten angeboten wird.

Die praktische Erprobung der Ratschläge dieses Ratgebers zeigte immer wieder, dass es viel leichter ist, einen Ratschlag einzusehen, als ihn in die Tat umzusetzen. Häufig sagten um Rat suchende Personen „Das ist doch alles ganz einfach, das sagt mir auch der gesunde Menschenverstand!" und konnten dann das scheinbar so Einfache nicht ausführen. Wir möchten Sie daher einladen, die Ratschläge nicht nur zur Kenntnis zu nehmen und kritisch zu prüfen, sondern tatsächlich praktisch umzusetzen. Die empirischen Befunde der Erprobungen dieser Ratschläge zeigten, dass besonders diejenigen profitiert haben, die diese zuvor praktisch übend durchgeführt hatten.

Nicht jede Leserin oder jeder Leser dieses Ratgebers wird alle hier angeführten Ratschläge benötigen. Deshalb verschaffen Sie sich zunächst einen Überblick und entscheiden Sie dann, womit Sie sich im Einzelnen beschäftigen wollen. Als Hilfe dazu bietet sich zunächst das Inhaltsverzeichnis an. Darüber hinaus helfen die Gliederungen der einzelnen Kapitel. Diese sind in der Regel so gegliedert, dass zunächst unter *„Behandelte Fragen"* skizziert wird, welche Themen jeweils ausgeführt werden, die am Schluss unter *„Zusammenfassung"* noch einmal kurz wiedergegeben werden.

Die jeweils unter *„Übungsaufgaben"* beschriebenen Übungen sollten Sie, wie schon gesagt, ernst nehmen und tatsächlich durchführen!

I. Erfolgreich lernen

In dem ersten Teil dieses Ratgebers: „Erfolgreich lernen" werden zunächst in Kapitel 2 theoretische Grundlagen für erfolgreiches Lernen vermittelt, die Sie kennen sollten, wenn Sie Ihr Lernen analysieren und verbessern wollen. Im folgenden Kapitel 3 finden sich dann verschiedene praktische Maßnahmen, die den Lernerfolg fördern.

2. Grundlagen für erfolgreiches Lernen

Zunächst wird kurz erläutert, was im Rahmen dieses Ratgebers unter Lernen zu verstehen ist. Es folgt die Begriffsbestimmung von sieben grundlegenden Konzepten für erfolgreiches Lernen, die bei der Planung und Ausführung eines beabsichtigten Lernvorhabens eine entscheidende Rolle spielen können.

2.1 Lernen als zielgerichtete Handlung

Behandelte Fragen
1. Was wird in diesem Ratgeber unter „Lernen" verstanden?
2. Wo bleiben aktuelle Ansätze der Lernforschung?

Was wird in diesem Ratgeber unter „Lernen" verstanden?
In den einschlägigen Fachwissenschaften wie Psychologie und Pädagogik findet man unterschiedliche Definitionen des Begriffs „Lernen". Im Rahmen dieses Ratgebers genügt das umgangssprachliche Verständnis von „Lernen" als eine zielgerichtete Handlung. Wir sagen zum Beispiel: „Max und Peter lernen für eine Prüfung, indem sie sich gegenseitig den Prüfungsstoff abfragen" oder: „Eva lernt, wie ihr neuer Fernseher zu bedienen ist. Dazu geht sie die Bedienungsanleitung Schritt für Schritt durch und erprobt die dort gegebenen Hinweise gleich praktisch am Gerät." So gesehen bezeichnet „Lernen" eine zielgerichtete Handlung, die das Ziel hat, sich etwas anzueignen, das man in bestimmten Situationen können will.

Wir verstehen in diesem Ratgeber unter **Lernen** eine zielgerichtete Handlung, mit deren Hilfe man sich bewusst etwas aneignen möchte, das man in bestimmten Situationen können will.

Lernpsychologischer Hinweis:
In der Wissenschaft werden noch andere Arten des Lernens behandelt. Eine dieser Arten ist das beiläufige Lernen. Dieses geschieht zum Beispiel, wenn wir längere Zeit in einer uns vorher nicht bekannten Stadt leben und lernen, uns dort zu orientieren. Dies geschieht nebenbei und verläuft meist nicht absichtlich und planvoll. In diesem Ratgeber beschäftigen wir uns dagegen mit absichtlichem und geplantem Lernen.

Wo bleiben aktuelle Ansätze der Lernforschung?

Betrachtet man eine Zeit lang Ratgeber (nicht nur Lernratgeber, sondern auch für andere Gebiete, etwa für die Selbstverwirklichung, für die Reduzierung des eigenen Gewichts, für die Gesundheit oder für Methoden des Managements), dann fällt auf, dass immer wieder mit neuen Ansätzen und Begriffen gearbeitet wird. Diese sollen den Eindruck vermitteln, dass nun endlich der Durchbruch erreicht wurde und der aktuell angepriesene Ansatz im Gegensatz zu den vorangegangenen Ansätzen die betreffenden Probleme besser löst. Betrachtet man die dort vorgefundenen Ratschläge näher, dann findet man nicht selten alten Wein in neuen Schläuchen.

Hilft es den Leserinnen und Lesern dieses Ratgebers, wenn wir hier die neuesten Sichtweisen der Lernforschung ausbreiten?

Bei praktischen Anwendungen muss man nicht alles wissen, was Grundlagenwissenschaften erforscht haben. Zum Beispiel hat Brot backen etwas mit Erwärmen, einem physikalischen Prozess, und mit der Änderung von Stoffen, einem chemischen Prozess, zu tun. Dennoch ist es nicht notwendig, in einem Backbuch Grundlagen der Physik und der Chemie auszubreiten. Die Leserinnen und Leser würden den Wald vor lauter Bäumen nicht mehr sehen. Entsprechendes gilt für diesen Ratgeber bezüglich der einschlägigen Grundlagenwissenschaften, hier der Lernpsychologie.

Die Lernforschung berichtet laufend über neue Ergebnisse. Besonders aktuell sind zurzeit die Untersuchungen der neuronalen Prozesse im Gehirn.

Dieser Ratgeber behandelt – unabhängig von aktuell diskutierten Themen der Lernpsychologie, die oft nur kurz in den Vordergrund treten – nur solche Aspekte, die für ein erfolgreiches, zielorientiertes Lernen besonders wichtig sind und die sich bewährt haben. Dieses Vorgehen haben wir in mehreren wissenschaftlichen Untersuchungen mit Lernenden praktisch erfolgreich erprobt.

Deshalb konzentriert sich dieser Ratgeber im Folgenden nur auf sieben wichtige Konzepte für ein erfolgreiches Lernen: Lernthema, Lernziel, Lernmethode, Lernerfolg, eigene Wissensstruktur, Lernmotivation und Lernumgebung. Diese Konzepte bündeln wichtige lernpsychologische Erkenntnisse für erfolgreiches Lernen, ohne Ratsuchende mit hier unnötigen wissenschaftlichen Details zu belasten und werden im Folgenden erläutert.

2.2 Sieben Konzepte für erfolgreiches Lernen

Behandelte Frage
Inwiefern sind die folgenden sieben Konzepte für ein erfolgreiches Lernen bedeutsam?
1. Lernthema
2. Lernziel
3. Lernmethode
4. Lernerfolg
5. eigene Wissensstruktur
6. Lernmotivation
7. Lernumgebung?

Lernthema

Wie schon erläutert, verstehen wir in diesem Ratgeber unter „Lernen" eine zielgerichtete Handlung, mit deren Hilfe man sich bewusst etwas aneignen möchte, das man in bestimmten Situationen können will. Dabei bezieht sich dasjenige, was man sich aneignen will, thematisch auf einen bestimmten Bereich, zum Beispiel auf die Bedienung des neuen Fernsehgeräts, auf Algebra in der Mathematik, auf Kochen bestimmter Gerichte, auf Tennis spielen usw.

Wenn wir uns etwas aneignen wollen, dann kennzeichnet das **Lernthema** den thematischen Bereich, um den es dabei geht.

Lernziel

Ein Lernthema kann je nach Bedarf unterschiedlich eingegrenzt werden. Wenn es um die Bedienung des neuen Fernsehgeräts geht, dann kann sich eine Person, nennen wir sie Petra, mit der Steuerung der wichtigsten Funktionen zufrieden geben, wie sie in der Kurzanleitung zu finden sind. Eine andere Person (hier: Klaus) dagegen möchte alle Bedienungsmöglichkeiten des Fernsehgeräts vollkommen ausschöpfen. Diese beiden Personen haben zum selben Lernthema „Bedienung des Fernsehgeräts" unterschiedliche Lernziele. Petra möchte nur das Notwendigste lernen, Klaus alles.

In Lehrplänen für eine bestimmte Schulform oder für einen bestimmten Studiengang werden Ziele vorgegeben, die mit unterschiedlichen Namen gekennzeichnet werden, wie beispielsweise: Lehrziele, Unterrichtsziele, angestrebte Kompetenzen. Wir nennen im Folgenden Ziele, die von einer Bildungsinstitution (z.B. Schule, Universität) vorgegeben werden, „Lehrziele" und solche Ziele, die der Lernende selbst anstrebt „Lernziele". Für den Unterricht in Sozialkunde wird zum Beispiel das Lehrziel festgelegt, dass die Schüler zum Lernthema Ethik die Regel „Was du nicht willst, das man dir tut, das füg' auch keinem andern zu!" kennen und verstehen sollen. Dieses Lehrziel kann von verschiedenen Schülern als jeweils individuelles Lernziel unterschiedlich wahrgenommen werden. Hubert mag Sozialkunde nicht und schon gar nicht das Lernthema Ethik. Er hat keine Lust, sich mit dieser Regel zu beschäftigen, und hofft, mittels seiner Notizen über das, was die Lehrerin dazu gesagt hat, über die Runden zu kommen. Lena hingegen ist an Ethik interessiert und überlegt sich, inwieweit die angesprochene Regel für sie selbst und andere in Frage kommen könnte.

Ein **Lernziel** beschreibt also, was eine Person zu einem bestimmten Lernthema tatsächlich lernen will; diese Person grenzt das Lernthema nach ihren Bedürfnissen ein, sie bestimmt für sich ein Lernziel oder sie interpretiert ein vorgegebenes Lehrziel nach ihren Bedürfnissen und macht es dadurch zu ihrem eigenen Lernziel.

Lernmethode

Um ihr jeweiliges Lernziel zu erreichen, wendet eine Person bestimmte Lernmethoden an. Petra könnte zum Beispiel die Lernmethode „Versuch und Irrtum" anwenden. Dann würde sie das Fernsehgerät einschalten und seine Steuerung mithilfe der Fernbedienung ausprobieren. Eine zweite Lernmethode für Petra bestünde darin, die Kurzanleitung zur Hand zu nehmen und die entsprechenden Befehle mit der Fernbedienung auszuprobieren.

Eine **Lernmethode** bezeichnet also die Art und Weise des Handelns, mit deren Hilfe eine Person ihr jeweiliges Lernziel erreichen will. Bei der Wahl der geeigneten Lernmethode spielen das betreffende Vorwissen und die bisherigen einschlägigen Erfahrungen der betreffenden Person eine große Rolle. Darauf kommen wir bei dem Konzept „eigene Wissensstruktur" zurück.

Lernerfolg

Lernziele beziehen sich immer auf etwas, das wir uns aneignen wollen, zum Beispiel das neue Fernsehgerät bedienen zu können, den Stoff für eine bestimmte Prüfung zu beherrschen, den Aufschlag beim Tennis zu verbessern, ein Wiener Schnitzel braten zu können. Nachdem Karl mittels der Lernmethode „nach Rezept kochen" versucht hat zu lernen, wie man ein Wiener Schnitzel zubereitet, kann er dies mehr oder weniger gut. Karls neu erworbenes Können – hier ein Wiener Schnitzel zubereiten zu können – nennen wir den jeweiligen „*Lernerfolg*". Wenn wir Karl auf der Straße treffen, können wir ihm nicht ansehen, ob bzw. wie gut er ein Wiener Schnitzel bereiten kann. Grundsätzlich können wir die Fähigkeiten und Fertigkeiten einer Person nicht unmittelbar beobachten. Ihr Können lässt sich nur durch beobachtbares Verhalten oder durch beobachtbare Verhaltensprodukte (zum Beispiel das fertig gebratene Wiener Schnitzel) erschließen. Wenn wir also wissen wollen, inwieweit Karl erfolgreich gelernt hat, ein Wiener Schnitzel zuzubereiten, dann müssen wir bei ihm ein beobachtbares Verhalten oder beobachtbare Verhaltensprodukte hervorrufen. Wir können ihn fragen: „Kannst du nun ein Wiener Schnitzel braten?". Sagt er „Ja", dann können wir ihm dies glauben oder nicht. Besser wäre, sich von Karl erläutern zu lassen, wie er ein Schnitzel zubereitet, und sich ein Wiener Schnitzel von ihm braten zu lassen. Über unser eigenes Können haben wir in der Regel eine Meinung. Wir meinen zum Beispiel, ein Wiener Schnitzel gut braten zu können. Das muss aber nicht stimmen. Vielleicht haben wir schon lange nichts mehr gebraten. Wenn wir uns vergewissern wollen, ob wir es noch gut können, sollten wir es wieder versuchen. Dann werden wir vielleicht enttäuscht merken, dass von unserem früheren Lernerfolg nicht mehr viel übrig geblieben ist.

Lernerfolg als ein wichtiges Konzept für erfolgreiches Lernen benötigen wir, um festzustellen, inwieweit wir das angestrebte Lernziel erreicht haben – wir überprüfen dann den Lernerfolg. Wenn der Lernerfolg längere Zeit anhalten soll, ist es ratsam, ihn regelmäßig nachzuprüfen.

> Das jeweils durch Lernen erworbene neue Können nennen wir **Lernerfolg**. Dieses Können lässt sich nicht unmittelbar beobachten, es muss durch beobachtbares Verhalten oder beobachtbare Verhaltensprodukte eingeschätzt werden.

Eigene Wissensstruktur

Das neu Gelernte wird in unserem Gedächtnis gespeichert. Wir nennen hier das dafür zuständige Gedächtnis **eigene Wissensstruktur**, weil wir zwei Aspekte hervorheben wollen:

1. Für das Lernen und für das Verstehen ist es besonders wichtig, dass das dafür zuständige Gedächtnis in geeigneter Form strukturiert ist. Deshalb sprechen wir hier von Wissens**struktur**.
2. Das Gedächtnis als Wissensstruktur ist bei jeder Person anders und einzigartig. Deshalb sprechen wir hier von **eigener** Wissensstruktur.

Der Begriff *Wissen* ist bei der Bezeichnung eigene Wissensstruktur weit gefasst im Sinne von Weltwissen. Mit Weltwissen meinen wir alles, was wir können und fühlen, um uns in unserer Welt zurechtzufinden, z.B.: Sachkenntnisse, Handlungswissen, Motive, Gefühle. Aber die Bezeichnung *eigene Weltwissensstruktur* klingt zu umständlich. Deshalb beschränken wir uns auf *eigene Wissensstruktur*.

Von den sieben Konzepten für ein erfolgreiches Lernen spielt die eigene Wissensstruktur eine besonders wichtige Rolle. Deshalb werden wir auf dieses Konzept noch ausführlich eingehen.

Lernmotivation

Der jeweilige Lernerfolg wird beeinflusst von unserer **Lernmotivation**, d.h. von unserem Antrieb etwas Bestimmtes zu lernen. Je mehr wir unser jeweils gestecktes Lernziel schätzen, desto höher ist unsere Lernmotivation. Die Lernmotivation wird gefördert durch unser *Interesse* am Lernthema, durch *positive Konsequenzen* der Lerntätigkeit und durch *Selbstkontrolle beim Lernen*.

Interesse am Lernthema haben wir, wenn uns das betreffende Gebiet interessiert, und zwar unabhängig davon, ob wir diesbezüglich etwas lernen sollen. Wenn eine Tätigkeit positive Konsequenzen nach sich zieht, dann fühlen wir uns für diese Tätigkeit belohnt, prägen uns diese ein und führen sie gerne wieder aus. Das betrifft auch positive Konsequenzen der Lerntätigkeit. Müssen wir etwas lernen, dann würden wir oft lieber etwas anderes tun. Die Maßnahme, einer solchen Verführung zu widerstehen, nennen wir Selbstkontrolle beim Lernen.

Lernumgebung

> Wenn wir uns etwas aneignen, dann geschieht das immer in einer bestimmten Umgebung, wir nennen sie **Lernumgebung**.

Zur Lernumgebung gehören ein möglichst geeigneter *Lernplatz*, das heißt der Ort an dem wir lernen, und oft auch *Lernpartner*, mit denen wir gemeinsam lernen.

Zusammenfassung

Betrachten wir abschließend die sieben Konzepte für erfolgreiches Lernen im Zusammenhang (vgl. Abb. 1). Wenn eine Person lernt im Sinne einer zielgerichteten Handlung, mit deren Hilfe sie sich bewusst etwas aneignen möchte, das sie in bestimmten Situationen können will, dann bestimmt sie zunächst im Rahmen eines Lernthemas das Lernziel. Um das Lernziel zu erreichen, wählt sie eine Lernmethode aus und erreicht dann einen mehr oder weniger guten Lernerfolg bezüglich des Lernziels. Dieser Lernerfolg bezieht sich auf das neu erworbene Können, das nicht unmittelbar beobachtet werden kann, sondern über beobachtbares Verhalten oder beobachtbare Verhaltensprodukte erschlossen werden muss.

Die Abfolge Lernthema, Lernziel, Lernmethode, Lernerfolg muss nicht unbedingt Schritt für Schritt nacheinander erfolgen. Zum Beispiel kann man während der Anwendung einer Lernmethode zu dem Schluss kommen, dass es ratsam ist, das Lernziel zu ändern.

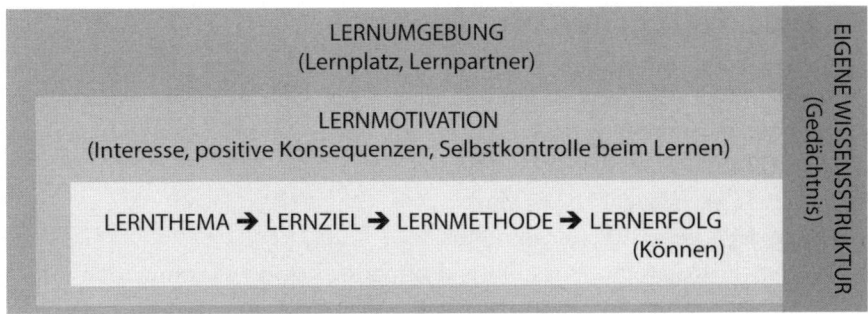

Abbildung 1:   Sieben Konzepte für ein erfolgreiches Lernen

Das Lernen einer Person wird beeinflusst durch ihre Lernmotivation, ihre Lernumgebung und ihre Wissensstruktur. Wichtige Aspekte der Lernmotivation sind: Interesse am Lernthema, positive Konsequenzen der Lerntätigkeit und Selbstkontrolle beim Lernen. Wichtige Gesichtspunkte der Lernumgebung sind der Lernplatz und gegebenenfalls die Lernpartner. Die eigene Wissensstruktur, d.h. unser für das Wissen verantwortliche Gedächtnis, ist maßgeblich beteiligt an der Steuerung unseres Lernens vom Lernthema bis zum Lernerfolg, an unserer Lernmotivation und unserer Lernumgebung.

Das neu Gelernte wird in unsere eigene Wissensstruktur integriert. Es sollte gut mit dafür in Frage kommenden, bereits vorhandenen Gedächtnisinhalten verankert sein.

Übungsaufgaben
1. Veranschaulichen Sie die Abfolge „Lernthema ➜ Lernziel ➜ Lernmethode ➜ Lernerfolg" mit einem eigenen Beispiel!
2. Ergänzen Sie Ihr Beispiel um die unter Lernmotivation und Lernumgebung genannten Punkte!
3. Erläutern Sie an Ihrem Beispiel die Funktion ihrer eigenen Wissensstruktur!

3. Was den Lernerfolg fördert

Ausgehend von den eben erläuterten sieben Konzepten für ein erfolgreiches Lernen bietet dieses Kapitel Vorschläge an, wie Sie Ihren Lernerfolg verbessern können, nämlich durch:

- Lernziele nach Bedarf bestimmen
- Pflege der eigenen Wissensstruktur
- Die 5-Schritte-Methode als Beispiel für eine effektive Lernmethode
- Gestaltung geeigneter Lernmethoden
- Lernmotivation steigern durch
  - Interesse am Lerngegenstand
  - Positive Konsequenzen von Lerntätigkeiten
  - Selbstkontrolle beim Lernen
- Gestaltung der Lernumgebung
  - Einrichten eines geeigneten Lernplatzes
  - Gemeinsam Lernen
- Kontrollliste für die Lernplanung

3.1 Lernziele nach Bedarf bestimmen

Behandelte Fragen
1. Wozu ist die Unterscheidung zwischen Lernthema und Lernziel nützlich?
2. Wie genau sollte man ein Lernziel bestimmen?
3. Wie kann man Lernziele genau formulieren?

Wozu ist die Unterscheidung zwischen Lernthema und Lernziel nützlich?

Die Unterscheidung zwischen Lernthema und Lernziel wurde hier getroffen, um zu verdeutlichen, dass es manchmal zweckmäßig ist, ein Lernziel genau zu bestimmen. Gelegentlich beschäftigt man sich mit einem Lernthema, weil es interessant ist oder einfach Spaß macht. Die Festlegung eines bestimmten Lernziels ist dann nicht notwendig. In anderen Fällen ist es aber wichtig, dass man nach dem Lernen etwas Bestimmtes überprüfbar beherrscht. Dann ist es erforderlich, das betreffende Lernziel genau zu bestimmen.

Wie genau sollte man ein Lernziel bestimmen?

Wenn man etwas lernen will, dann möchte man auch wissen, wann man damit fertig ist, das heißt, wann der angestrebte Lernerfolg erreicht ist. Voraussetzung ist, dass das Lernziel hinreichend genau bestimmt ist. Bei manchen Lernzielen ist das relativ einfach, zum Beispiel bei dem Lernziel „ein Wiener Schnitzel zubereiten können" oder bei „den Satz des Pythagoras beweisen können". Bei anderen Lernvorhaben ist das gesteckte Lernziel nicht von an Anfang an klar. Will man bei dem neu gekauften Fernsehgerät wirklich alles steuern können, was möglich ist? Wenn man Zeit und Lust hat, kann man sich beim Lernen, wie das neue Gerät zu bedienen ist, treiben lassen. Man kann aber auch festlegen, dass man dieses und jenes können will, und nach dem Lernen prüfen, ob man es tatsächlich kann.

Bei manchen Lernzielen kommt es darauf an, ein exakt bestimmtes Können zu erwerben, zum Beispiel wenn es um das Bestehen einer Prüfung geht. Dann möchte man sicher sein können, dass das Lernziel erreicht wurde. Die Frage, wie genau man ein Lernziel bestimmen sollte, hängt also davon ab, wie genau der angestrebte Lernerfolg überprüft werden soll.

Wie kann man Lernziele genau formulieren?

Will man den angestrebten Lernerfolg genau überprüfen, dann sollte das Lernziel entsprechende Prüfkriterien enthalten. Wir haben schon darauf hingewiesen, dass ein Lernziel immer ein angestrebtes Können beschreibt, das man nicht unmittelbar beobachten kann. Die Prüfung des Lernerfolges, also inwieweit man dieses angestrebte Können beherrscht, lässt sich nur feststellen anhand beobachtbarer Tätigkeiten oder anhand beobachtbarer Verhaltensprodukte. Bei dem Können, ein Wiener Schnitzel zuzubereiten, beziehen sich die beobachtbaren Tätigkeiten auf Handlungen, die man während der Zubereitung vollzieht, also zum Beispiel wie man das Schnitzel paniert und es brät. Für die Güte dieser Handlungen können Prüfkriterien festgelegt werden. Das Wiener Schnitzel selbst ist ein beobachtbares Verhaltensprodukt. Dieses kann ebenfalls als Prüfkriterium herangezogen werden. Beim Wiener Schnitzel sollte die Panade nicht unnötig fett sein. Ein Prüfkriterium dafür kann sein, dass kein Fettfleck zurückbleibt, wenn man das Schnitzel auf eine Serviette legt.

Als Hilfe für die genaue Formulierung von Lernzielen können folgende Überlegungen dienen: Ein Lernziel beschreibt immer ein Können, das man sich aneignen möchte. Ein bestimmtes Können kann dadurch genau bestimmt werden, indem man vorgibt, welche Aufgaben man lösen kann, wenn man dieses Können beherrscht.[2] Entsprechend wird in einer guten Bedienungsanleitung für ein Fernsehgerät seine Steuerung in einzelne Aufgaben zerlegt, deren richtige Ausführung überprüfbar ist. Eine dieser Aufgaben besteht zum Beispiel darin, dass man den einzelnen Sendern Ziffern zuweist und anschließend einen bestimmten Sender durch Eingabe der betreffenden Ziffer finden kann.

Sich Prüfkriterien für den Lernerfolg zu überlegen, hat auch den Vorteil, dass man sich intensiv mit dem Lernziel auseinandersetzt, und es so besser verstehen lernt.

Zusammenfassung

Manchmal besteht der Bedarf, ein Lernziel genau zu bestimmen, weil es darum geht, das angestrebte Können so und nicht anders zu beherrschen. Dann sollte das Lernziel Prüfkriterien enthalten, mit deren Hilfe man den Lernerfolg kontrollieren kann. Diese Kriterien können sich entweder auf beobachtbare Tätigkeiten beziehen, die man ausführen kann, wenn das angestrebte Können beherrscht wird, oder auf beobachtbare Verhaltensprodukte, welche mittels des angestrebten Könnens hervorgebracht werden. Oft hilft es, darüber nachzudenken, welche Aufgaben man im Einzelnen lösen kann, wenn das Lernziel erreicht ist.

Übungsaufgaben

1. Wählen Sie ein Lernziel, das Sie interessiert, und überlegen Sie, wie Sie überprüfen können, ob Sie es nach dem Lernen erreicht haben!
2. Wählen Sie ein weiteres Lernziel, das Sie interessiert, und versuchen Sie das mit diesem Lernziel angestrebte Können in einzelne Aufgaben zu zerlegen, deren jeweilige Beherrschung ausweist, dass Sie das Lernziel erreicht haben!

---

2 Näheres dazu in: Schott & Azizi Ghanbari (2012).

3.2 Pflege der eigenen Wissensstruktur

Behandelte Fragen
1. Wozu ist unser Gedächtnis als eigene Wissensstruktur geordnet?
2. Welche Bedeutung hat das Vorwissen für erfolgreiches Lernen?
3. Welche Funktion hat die eigene Wissensstruktur für erfolgreiches Lernen?

Wozu ist unser Gedächtnis als eigene Wissensstruktur geordnet?

Das neu Gelernte fällt nicht orientierungslos ins Gedächtnis. Vielmehr wird beim Lernen das neu erworbene Können in die eigene Wissensstruktur ein-geordnet. Je besser das neu erworbene Können mit anderen Gedächtnisin-halten der eigenen Wissensstruktur vernetzt ist, umso nachhaltiger ist der Lernerfolg und umso besser verstehen wir das Gelernte.

Das mit einem bestimmten Lernerfolg erworbene Können, das Gelernte, bleibt in unserem Gedächtnis mehr oder weniger erhalten. Damit man das Gelernte im Gedächtnis schnell wiederfinden kann, sollte es dort möglichst geordnet abgelegt sein. Dies kann veranschaulicht werden, indem man das Gedächtnis mit einer Bibliothek vergleicht. Die größte Unordnung würde in der Bibliothek herrschen, wenn die Bücher völlig unsystematisch, wie sie gerade zur Hand sind, in die Regale gestellt werden. Wenn man dann ein bestimmtes Buch sucht, dann muss Buch für Buch angesehen werden, bis man das gesuchte gefunden hat. Schneller geht es, wenn die Bücher zum Beispiel alphabetisch nach ihrem jeweiligen Autor eingeordnet sind. Das Suchkriterium ist der Name des Autors. Hat man diese Anordnung der Bü-cher, kennt aber nicht den Namen des Autors, sondern nur den Titel, dann muss wieder Buch für Buch durchgesehen werden, bis man das gesuchte ge-funden hat. Und wenn man Bücher zu einem bestimmten Sachgebiet sucht und weder Autor noch Titel kennt, dann wäre es gut, wenn die Bücher nicht nur über den Autor oder den Titel, sondern auch über das Sachgebiet zu finden sind.

Übertragen wir diese Überlegungen auf das Gedächtnis, dann wird deutlich, dass das Gelernte besser wieder gefunden wird, wenn es mit verschiedenen Suchkriterien aufgespürt werden kann. Diese Strukturierung ist also für er-folgreiches Lernen sehr wichtig. Um diese Strukturierung hervorzuheben, sprechen wir in diesem Ratgeber, wie schon erläutert, von „eigener Wissensstruktur", statt von eigenem Gedächtnis.

Das Gelernte sollte also nach Möglichkeit nicht irgendwo in unserem Gedächtnis abgelegt, sondern möglichst gut verankert sein mit anderen Gedächtnisinhalten, die für das Gelernte bedeutsam sind. Beim Braten eines Wiener Schnitzels wird die Verbindung mit anderen bedeutsamen Gedächtnisinhalten, z.B. Wissen über Kochgeschirr, Gewürze und Herde, gleichsam von allein geknüpft. Bei anderen Lernzielen ist dies oft nicht der Fall. Wenn unser Lernziel ist, die moralische Regel „Was du nicht willst, das man dir tu', das füg' auch keinem andern zu!" nicht nur zu kennen, sondern auch zu verstehen, dann nützt es, verschiedene Beispiele und Gegenbeispiele für diese Regel zu finden. Wenn wir uns solche Beispiele überlegen, dann verknüpfen wir die moralische Regel mit anderen Gedächtnisinhalten, die uns bereits zur Verfügung stehen. Wir verankern so die moralische Regel in unserer eigenen Wissensstruktur. Je vielfältiger diese Verankerung ist, umso besser können wir nicht nur diese Regel behalten, sondern sie auch verstehen.

Welche Bedeutung hat das Vorwissen für erfolgreiches Lernen?

Will man ein bestimmtes neues Wissen erwerben, dann fängt man in der Regel nicht bei Null an. Man hat dazu schon *Vorwissen*. Dieses Vorwissen ist ein Teil unserer eigenen Wissensstruktur. Möchte man zum Beispiel seine Kochkenntnisse um ein neues Gericht erweitern, dann bringt man dazu schon eine Menge Vorwissen mit: Kenntnisse über Speisen, die man bereits kochen kann, über Kochgeschirr und Kochstellen, Sprachkenntnisse usw. Manche Teile dieses Vorwissens sind unmittelbar präsent. Andere müssen mehr oder weniger mühsam aus dem Gedächtnis hervorgekramt werden, etwa die Erinnerung an ein ähnliches Gericht, das man schon einmal gekocht hat. Gerade dieses Vorwissen kann für den Lernprozess besonders wichtig sein! Das eigene Vorwissen spielt eine entscheidende Rolle für das erfolgreiche Lernen, weil man sich nur etwas aneignen kann, wenn es mit dem bereits vorhandenen Vorwissen verknüpft wird.

Ein erfolgreicher Lernprozess besteht also darin, dass neues Wissen in die bereits vorhandene eigene Wissensstruktur an der richtigen Stelle integriert wird. Manchmal kann es sehr nützlich sein, sich zu überlegen, was man zu dem neu zu erwerbenden Wissen schon weiß, denn mit dieser Überlegung lässt sich der Teil der eigenen Wissensstruktur aktivieren, an dem das neue Wissen angegliedert werden kann.

Welche Funktion hat die eigene Wissensstruktur für erfolgreiches Lernen?

Alles, was wir können, ist in unserem Gedächtnis gespeichert. Zur effizienten Aktivierung der jeweils benötigten Gedächtnisinhalte sollten diese möglichst geordnet eingelagert sein. Deswegen sprechen wir hier von unserem Gedächtnis als „eigener Wissensstruktur". Die eigene Wissensstruktur im hier verstandenen Sinne stellt die Grundlage für alles bereit, was wir können und fühlen, sie stellt auch die Grundlage für das Lernen bereit. Obwohl wir unsere eigene Wissensstruktur nicht unmittelbar beobachten können, können wir sie doch beeinflussen. Wir erweitern sie durch neu Gelerntes, und wir können Einfluss darauf nehmen, wie dieses neu Gelernte mit unserem bereits vorhandenen Vorwissen verknüpft wird, etwa dadurch, dass wir zu dem neu Gelernten etwas in unserem Vorwissen suchen, was ähnlich ist, oder dadurch, dass wir zu einer neu gelernten Regel versuchen eigene Beispiele zu finden.

Neben dem Erwerb neuen Wissens geht es oft darum, vorhandenes Wissen oder Können durch Übung zu festigen, zu perfektionieren und vor dem Vergessen zu bewahren. In diesem Fall besteht der erfolgreiche Lernprozess darin, durch Wiederholen die betreffenden Wissensbestandteile stärker in der eigenen Wissensstruktur zu verankern. Diese Wiederholung kann je nach Lerngegenstand unterschiedlich sein. So kann man eine Definition, die man für eine Prüfung lernen muss, oft wortwörtlich aufsagen. Eine Wiederholung kann aber auch aus einem mehrmaligen Anwenden des erworbenen Wissens bestehen, zum Beispiel ein neu gelerntes Gericht mehrmals zu kochen.

Zusammenfassung

Je besser das neu erworbene Können mit anderen Gedächtnisinhalten der eigenen Wissensstruktur vernetzt ist, umso nachhaltiger ist der Lernerfolg und umso besser verstehen wir das Gelernte.

Die eigene Wissensstruktur ist von entscheidender Bedeutung für das Lernen und Verstehen. Obwohl wir unsere eigene Wissensstruktur nicht unmittelbar beobachten können, können wir sie doch beeinflussen. Wir erweitern sie durch neu Gelerntes, und wir können Einfluss darauf nehmen, wie dieses neu Gelernte mit unserem bereits vorhandenen Vorwissen verknüpft wird.

Übungsaufgabe

Denken Sie sich ein Lernziel aus, an dem Sie interessiert sind! Überlegen Sie zu diesem Lernziel, welches Vorwissen Sie aktivieren können, um es nachhaltig in der Wissensstruktur zu verankern!

3.3 Die 5-Schritte-Methode

Behandelte Fragen

1. Worum geht es bei der 5-Schritte-Methode?
2. Aus welchen Vorgehensweisen besteht die 5-Schritte-Methode im Einzelnen?

Die 5-Schritte-Methode ist eine seit langem bewährte Lernmethode, wenn es darum geht, aus Sachtexten das Wesentliche zu entnehmen und zu behalten. Wir stellen diese Lernmethode hier aus zwei Gründen ausführlich vor:

1. Das Lernen mit Sachtexten und Fachliteratur ist eine sehr verbreitete Form des Lernens, insbesondere, wenn es um Prüfungsvorbereitungen geht.
2. Der Aufbau der 5-Schritte-Methode ist ein gutes Beispiel dafür, wie eine effektive Lernmethode aufgebaut sein soll. Dazu mehr im Abschnitt 3.4: „Gestaltung geeigneter Lernmethoden".

Worum geht es bei der 5-Schritte-Methode?

Wie gehen Sie beim Studium von Fachliteratur vor? Sehr viele machen das so: Sie lesen ein Buch oder einen Artikel von vorne bis hinten durch und unterstreichen vielleicht wichtige Abschnitte oder sie schreiben das Wichtigste heraus oder sie tun beides. Wenn sie für eine Prüfung lernen, lesen sie dann oft alles noch einmal oder mehrmals durch. Diese Lernmethode bringt, gemessen am Aufwand, nicht immer den erwarteten Lernerfolg.

Eine Lernmethode, mit der man in vielen Fällen wesentlich effektiver, das heißt: schneller und mit besserem Erfolg, Lektüre durcharbeiten kann, lehnt sich an die von Robinson (1946) entwickelte *SQ3R-Methode* an. Diese Methode, wir wollen sie hier *5-Schritte-Methode* nennen, wurde schon vielfach mit gutem Erfolg angewandt.

Aus welchen Vorgehensweisen besteht die 5-Schritte-Methode im Einzelnen?
„SQ3R" ist eine Abkürzung für die 5 Schritte, mit denen beim Durcharbeiten eines Textes vorgegangen werden soll:

Schritt 1 (S – Survey):   Überblick gewinnen
Schritt 2 (Q – Question):   Fragen an den Text stellen
Schritt 3 (R – Read):   Lesen
Schritt 4 (R – Recite):   Fragen beantworten
Schritt 5 (R – Review):   Rückblick, Endkontrolle

Das Grundprinzip, nach dem diese Lernmethode vorgeht, besteht darin, dass man sich dem Text nicht ausliefert und ihn einfach konsumiert, sondern dass man zuerst einmal prüft, ob der Text einem überhaupt etwas zu sagen hat, *ob er die Fragen beantworten kann, auf die man Antworten sucht.* Man verschafft sich also zunächst einen Überblick (Schritt 1: **S**urvey). Dann überlegt man, welche Fragen man an den Text hat (Schritt 2: **Q**uestion). Das Lesen (Schritt 3: **R**ead) geschieht dann im Hinblick auf diese Fragen. Im nächsten Schritt werden die Fragen am besten schriftlich – gegebenenfalls nur mit Stichworten – beantwortet (Schritt 4: **R**ecite). Der letzte Schritt ist ein Rückblick auf den durchgearbeiteten Abschnitt (Schritt 5: **R**eview), wobei man versucht herauszufinden, ob die Antworten richtig waren, ob die Antworten alle wichtigen Punkte erfassen oder ob eventuell weitere Fragen notwendig sind.

Lernpsychologischer Hinweis:

Auch wenn die SQ3R-Methode schon seit langem empfohlen wird, garantiert sie nicht jeder Person bei jedem Lernvorhaben den angestrebten Lernerfolg. Diese Methode wurde entwickelt, um aus einem Text die wesentlichen Sinnzusammenhänge zu entnehmen und sich einzuprägen. Bei manchen Lernvorhaben, wie zum Beispiel beim Auswendiglernen einer Definition oder beim Vokabellernen, ist diese Methode ungeeignet, weil es bei diesen Lernvorhaben nicht darum geht, Sinnzusammenhänge von Texten herauszufinden.

Auch wenn man sich von einem Text die wesentlichen Sinnzusammenhänge aneignen möchte, ist die SQ3R-Methode nicht immer die beste Herangehensweise. Der Nutzen dieser Methode hängt u. a. von dem individuellen Vorwissen und den individuellen Lern- und Denkgewohnheiten ab.

Wir empfehlen, dass Sie sich im Folgenden – falls Sie die SQ3R-Methode noch nicht gut kennen – intensiv mit ihr beschäftigen, um dann zu entscheiden, inwiefern diese Methode für Sie nützlich sein kann.

Neben der SQ3R-Methode gibt es eine Reihe von Lernmethoden mit ähnlichen Zielen, die aber nicht so sehr durch ihre Einfachheit bestechen. Untersuchungen zur Nützlichkeit dieser Methoden fallen unterschiedlich aus (vgl. z.B. Schlag, 2011, S. 54ff.). Um den möglichen Nutzen der SQ3R-Methode für Sie zu erkunden, empfehlen wir, diese im Folgenden genauer zu betrachten.

Schritt 1: Überblick gewinnen

Behandelte Fragen

1. Welchen Zweck erfüllt der erste Schritt der 5-Schritte-Methode, das Überfliegen?
2. Wie gewinnt man schnell einen Überblick?
3. Welche Entscheidung kann man nach dem Überfliegen treffen?
4. Wie groß sollten die einzelnen Abschnitte sein, die Sie sich zum Überfliegen und weiteren Bearbeiten vornehmen?

Welchen Zweck erfüllt der erste Schritt der 5-Schritte-Methode, das Überfliegen?

Mit dem ersten Schritt wärmen Sie sich ein bisschen auf, freunden sich mit dem Text an. Sie verschaffen sich am Anfang einen Überblick über das, was der Abschnitt oder das Buch behandelt, und Sie sehen, ob das darin steht, was Sie suchen.

Das Überfliegen wird in den meisten Fällen zweimal geschehen: Das erste Mal, wenn Sie sich darüber klarwerden wollen, ob Sie ein Buch oder einen Artikel überhaupt lesen müssen, und das zweite Mal dann, wenn Sie sich zum Durcharbeiten entschieden haben. Dann werden Sie stückweise vorgehen und jeden Abschnitt mit der 5-Schritte-Methode bearbeiten.

Häufig werden Sie nach dem ersten Überfliegen merken, dass Sie das Buch oder den Artikel beiseitelegen können, weil Sie den Inhalt entweder schon kennen und er für Sie keine neuen Informationen birgt, oder weil er nicht dem entspricht, was Sie erwartet haben.

Um das zu erkennen ist es allerdings notwendig, dass Sie sich immer wieder bewusst machen, was Sie eigentlich wollen, *wie das Thema heißt*, das Sie bearbeiten, und ob der Text zu diesem Thema etwas beitragen kann. Sie sollten beim Überfliegen also in Gedanken immer wieder eine kleine Checkliste abhaken, die so aussehen könnte:

1. Trägt der Text etwas zu dem Thema bei, das ich gerade bearbeite?
2. Kenne ich den Inhalt schon?
3. Wenn ich den dargestellten Inhalt noch nicht kenne – lohnt es sich, dass ich mich damit befasse?

So können Sie nach relativ kurzer Zeit zwischen dem trennen, was Sie aufnehmen wollen, und dem, was Sie nicht interessiert bzw. was Sie nicht brauchen.

Wie gewinnt man schnell einen Überblick?

Die folgenden Hilfen erleichtern den schnellen Überblick über einen Text:

- In vielen Büchern steht schon auf dem Buchumschlag eine *Kurzzusammenfassung des Inhalts*.

- Auch *Vorworte* und *Einleitungen* sind meist sehr nützlich, weil sie sehr schnell mit den Zielen eines Buches vertraut machen können.
- Gibt es zu Beginn oder am Ende des Buches oder Artikels eine *Zusammenfassung*? In Zeitschriftenbeiträgen findet man zu Beginn auch häufig Schlagworte, die einen ersten Eindruck vom Thema vermitteln.
- Weitere Hilfen sind *Inhaltsverzeichnisse, Kursive* oder sonst irgendwie Hervorgehobenes.
- Wenn all das nicht ausreicht: Gehen Sie absatzweise vor und lesen Sie Abschnitte an, oder suchen Sie beim Überblicken eines Absatzes nach Stichworten, die etwas mit Ihrem Thema zu tun haben könnten.

Welche Entscheidung kann man nach dem Überfliegen treffen?

Wenn Sie nach einem umfassenden Überblick über ein ganzes Buch oder über einen längeren Artikel wissen, dass für Sie einiges Wissenswertes darinsteht, dann gehen Sie von nun an in kleineren Schritten vor. Dieses Überfliegen von kleineren Einheiten ermöglicht es Ihnen, im nächsten Schritt Fragen an den Text zu stellen.

Wenden Sie das oben beschriebene Verfahren nun auf diese kleineren Abschnitte des Buches an: Sehen Sie sich Überschriften, Schräg- und Fettgedrucktes an, lesen Sie einige Sätze, suchen Sie nach Stichworten und entscheiden Sie, *ob für Ihre Fragestellung* Wichtiges dabei ist. Wenn das nicht zutrifft, gehen Sie zum nächsten Abschnitt über. Wenn aber Wichtiges darinsteht, bearbeiten Sie den Abschnitt mit den übrigen 4 Schritten der Methode weiter.

Wie groß sollten die einzelnen Abschnitte sein, die Sie sich zum Überfliegen und weiteren Bearbeiten vornehmen?

Der Abschnitt sollte immer so groß sein, dass 3-5 für Sie wichtige Fragen damit beantwortet werden können. Das heißt: Wenn Sie sich über ein Gebiet nur oberflächlich informieren wollen, dann werden diese Abschnitte zwangsläufig länger sein, als wenn Sie sich ganz genau einarbeiten wollen und daher mehr Fragen haben.

Zusammenfassung

Lesen Sie nicht über Titel, Untertitel, das Inhaltsverzeichnis hinweg, beachten Sie die Gliederung! Das alles kann Ihnen beim weiteren Durcharbeiten eine wertvolle Hilfe sein. Für diesen ersten Schritt müssen Sie gar nicht viel Zeit aufwenden. Oft reichen schon wenige Minuten. Es kommt natürlich darauf an, was Sie wissen wollen und wie viel Information der Text für Sie bereithält.

Dieser erste Schritt mag Ihnen ziemlich trivial erscheinen. Die Erfahrung zeigt aber, dass er gar nicht so leicht konsequent durchzuhalten ist. Es bedarf einiger Einübungszeit, bis Sie diesen Schritt so beherrschen, dass Sie ihn wie selbstverständlich erledigen können.

Übungsaufgabe

Nehmen Sie einen Text (ein Buch oder einen Zeitungsartikel), der Sie interessiert, den sie aber noch nicht gelesen haben. Versuchen Sie, sich einen Überblick zu verschaffen, worin der Inhalt dieses Textes im Wesentlichen besteht! Überlegen Sie, wie sie sich diesen Überblick verschafft haben und ob es dabei Verbesserungsmöglichkeiten gibt!

Schritt 2: Fragen stellen

Behandelte Fragen

1. Wozu Fragen an den Text stellen?
2. Wie können die Fragen gestellt werden?
3. Fragen schriftlich stellen?
4. Welche Vorteile bringt das Fragenstellen?

Wozu Fragen an den Text stellen?

Schritt 2 ist der *wichtigste* in der 5-Schritte-Methode: Er ermöglicht es dem Lernenden, sehr viel intensiver als gewohnt in ein Fachgebiet einzusteigen. Nachdem Sie sich einen Überblick über den Text verschafft haben, sollten Sie noch nicht gleich mit dem Lesen anfangen.

Es ist besser, die Fragen, die Sie an den Text haben, nun explizit zu stellen. Dann gehen Sie nämlich gezielt an den Text heran und können ihn mit viel mehr Verständnis lesen. Sie haben auch die Möglichkeit, einige Textstellen auszulassen, andere dafür wieder intensiver zu lesen.

Wie können die Fragen gestellt werden?

Wenn Sie schon Fragen an den Text haben, ist das ganz einfach: Sie müssen sie nur ausformulieren und am besten aufschreiben. Das ist z.B. der Fall, wenn Sie ein bestimmtes Thema gestellt bekommen haben, wenn Sie also nach einem oder wenigen Aspekten suchen. Sie brauchen nur die Fragen zu stellen, die das Thema betreffen. Vom Überfliegen her wissen Sie schon, wo Sie diese Fragen stellen können, das heißt, an welchen Textstellen sie wahrscheinlich beantwortet werden.

Je nachdem, wofür Sie lernen wollen, stellen Sie Ihre Fragen: Wenn Sie den Text nur oberflächlich kennenlernen wollen, reichen umfassende, den Zusammenhang betreffende Fragen. Wollen Sie aber in ein Gebiet tiefer eindringen, werden allgemeine Fragen nicht ausreichen: Sie müssen dann nach *Teilaspekten* fragen.

Aber auch, wenn Sie sich über einen Text ausführlich informieren möchten, dürfen Sie einige übergeordnete Fragen nicht vergessen. Sie verlieren sonst leicht den Überblick.

Falls Sie vom Text noch zu wenig wissen und Ihnen noch keine Fragen dazu einfallen, können Sie auch von den Eindrücken beim Überfliegen ausgehend Fragen formulieren: Um das Wichtigste aus einem Text herauszufinden, halten Sie sich am besten an die Hinweise, die Ihnen die Autoren geben:
- Sie können z.B. *Überschriften* und *Kursives* in Fragen umformen.

Weitere Möglichkeiten sind:
- die Frage nach der Rolle des Abschnitts im Zusammenhang mit dem Gesamtproblem
- die Frage nach den Absichten des Verfassers
- eine Frage nach der praktischen Anwendung des Gelesenen
- *mögliche Prüfungsfragen*, die aus dem Text gestellt werden könnten.

Fragen schriftlich stellen?

Damit Sie Ihre Fragen nicht wieder vergessen, sollten Sie diese aufschreiben: Sie haben dann eine Gedächtnisstütze für die nächsten Schritte der 5-Schritte-Methode. Außerdem zwingt Sie das Aufschreiben, die Fragen klar und exakt zu formulieren. Wenn Sie für eine Prüfung lernen, ist es ohnehin günstiger, für die Wiederholungen schon die Fragen (und später die Antworten) in schriftlicher Form vor sich zu haben.

Wenn Sie nach diesen Vorschlägen vorgehen, fragen Sie immer wieder:
- Ist der Abschnitt, den ich gerade bearbeite, wichtig genug?
- Trägt er genug zum Gesamtproblem bei?

Achten Sie auch darauf, dass der Abschnitt nur so lang sein sollte, dass Sie ca. 3-5 Fragen dazu stellen können (wie beim Überfliegen).

Welche Vorteile bringt das Fragenstellen?

Jemand, der mit Fragen an einen Text herangeht, will etwas Konkretes von ihm wissen: Er sucht im Text nach Antworten und findet so die für ihn wichtigen Inhalte.

Außerdem: Müssen Sie für Prüfungen lernen? Dann bringt Ihnen dieser Schritt der 5-Schritte-Methode wichtige Vorteile: Sie nehmen damit mögliche Prüfungsfragen vorweg und beantworten sie. Folglich bereiten Sie sich sehr viel effektiver auf Prüfungen vor.

Fällt Ihnen das Fragenstellen schwer? Geben Sie nicht auf! Dieser Schritt macht den meisten Lernenden zunächst Schwierigkeiten. Scheuen Sie sich nicht, Fragen zu stellen, bei denen Sie nicht sicher sind, ob Sie damit auch wichtige Dinge erfassen. Es ist immer besser, eventuell falsche Fragen zu stellen als gar keine: Der 5. Schritt der Methode dient ja der Kontrolle, ob Sie die richtigen Fragen gestellt haben. Sie können dann Ihre Fragen überprüfen und feststellen, ob die Antworten, die der Text dazu bereithielt, tatsächlich wichtige Dinge erfassen. Gegebenenfalls müssen Sie Ihre Fragen verändern. Dabei können Sie aber lernen, die richtigen Fragen zu stellen.

Zusammenfassung

Schritt 2 „Fragen stellen" ist der *wichtigste* in der 5-Schritte-Methode, weil man hiermit verdeutlicht, was man von dem vorliegenden Text wissen will. Damit schafft man die Voraussetzung, dass man den Text nicht passiv konsumiert, sondern seinen Inhalt aktiv aufnimmt in Hinblick darauf, welche Informationen man dem Text entnehmen will.

Übungsaufgaben

1. Nehmen Sie einen Text, der Sie interessiert, den sie aber noch nicht gelesen haben, und überfliegen ihn in Hinblick darauf, welche Fragen sie beantworten können möchten, wenn Sie diesen Text gelesen haben!
2. Überlegen Sie, wie Sie vorgegangen sind, um die Fragen herauszufinden, die der betreffende Text zur Beantwortung aufweist!

Schritt 3: Lesen

Behandelte Fragen

1. Wie sollte man nach dem Fragenstellen lesen?
2. Warum dürfen einzelne Absätze ungelesen bleiben?
3. Wie lang dürfen die Abschnitte sein, die Sie lesen?

Wie sollte man nach dem Fragenstellen lesen?

Erst nachdem Sie Fragen an den Text gestellt haben, sollten Sie ihn lesen. Dieses Lesen ist aber wegen der guten Vorarbeit anders als gewohnt: Sie wissen, was auf Sie zukommt, weil Sie sich einen Überblick verschafft haben. Außerdem sind Sie vielleicht gespannt, ob die Fragen beantwortet werden, die Sie vorher an den Text gestellt haben. Daher lesen Sie nicht alles mit gleicher Intensität, Sie konsumieren den Text nicht sinnlos, sondern Sie konzentrieren sich auf das, was Sie vorher gefragt haben: Sie *lesen gezielt auf die Fragen hin* und suchen nach Antworten.

Die 5-Schritte-Methode empfiehlt, bei dem Schritt 3 „Lesen" noch keine Notizen zu machen und noch nicht die Antworten auf die gestellten Fragen aufzuschreiben. Diese Empfehlung soll sicherstellen, dass die Beantwortung der Fragen nicht nur aus dem unmittelbaren Kurzzeitgedächtnis geschieht. Wenn Sie die Fragen erst beantworten, nachdem Sie den zu bearbeitenden Textteil gelesen haben, dann ist eher gewährleistet, dass Sie sich an den Lernstoff erinnern können.

Warum dürfen einzelne Absätze ungelesen bleiben?

Die unwichtigen Dinge, nach denen Sie nicht gefragt haben, können Sie von vornherein weglassen. Wahrscheinlich wird Ihnen das anfangs schwerfallen, aber Sie wissen schon vom Überfliegen, dass bestimmte Abschnitte für Sie nichts Wichtiges enthalten. Sie schaffen sich sonst nur unnötigen Ballast, den Sie doch wieder vergessen. Außerdem haben Sie mit dem 5. Schritt eine Kontrolle, bei der Sie noch einmal überprüfen können, ob diese Dinge wirklich ohne Schaden ausgelassen werden konnten.

Wie lang dürfen die Abschnitte sein, die Sie lesen?

Wenn Sie die 5-Schritte-Methode anwenden, haben Sie sich einen Überblick über einen Abschnitt verschafft und Ihre Fragen dazu gestellt. Sie haben den Abschnitt gerade so lang gewählt, dass Sie ca. 3-5 Fragen dazu stellen konnten. Genauso wird auch beim Lesen abschnittsweise vorgegangen: Lesen Sie nur so weit, wie Sie sich bisher schon einen Überblick verschafft und Fragen gestellt haben. Dann halten Sie erst einmal an und überlegen, ob die vorher gestellten Fragen beantwortet wurden. Damit gehen Sie dann bereits zum 4. Schritt der 5-Schritte-Methode, zum Rekapitulieren, über.

Zusammenfassung

Der Schritt 3 „Lesen" betrifft das Lesen eines Textes in Hinblick darauf, welche Fragen man beantworten können möchte, wenn man den Text gelesen hat. Dabei konzentriert man sich auf solche Textabschnitte, die zur Beantwortung der gestellten Fragen wichtig sind.

Übungsaufgaben

1. Nehmen Sie sich den Text, den Sie in der Übung im vorangegangenen Abschnitt herangezogen haben, in Hinblick darauf vor, welche Fragen Sie beantworten möchten, wenn Sie diesen Text gelesen haben. Versuchen Sie ihn so zu lesen, dass Sie sich nur auf die Beantwortung der gestellten Fragen konzentrieren!

2. Überlegen Sie, wie Sie vorgegangen sind, den Text so zu lesen, dass Sie sich nur auf die Beantwortung der gestellten Fragen konzentrierten! Traten dabei Probleme auf? Wie könnte man diese gegebenenfalls lösen?

Schritt 4: Fragen beantworten

Behandelte Fragen

1. Wie werden Fragen beantwortet?
2. Welche Vorteile hat das schriftliche Beantworten der Fragen?

In diesem Schritt findet die erste Phase des Überprüfens statt. Bisher ist das Material gesichtet und ausgewählt worden, Sie haben Ihre Fragen dazu gestellt. Jetzt versuchen Sie, diese Fragen zu beantworten.

Wie werden Fragen beantwortet?

Nach dem Lesen eines Abschnitts klappen Sie das Buch zu oder legen den Artikel so zur Seite, dass Sie nicht hineinsehen können. Sie rufen sich dann noch einmal ins Gedächtnis, welche wichtigen Punkte der Text enthalten hat, und beantworten die an den Text gestellten Fragen. Solche Fragen, die Sie nicht beantworten können, lassen Sie zunächst einfach aus.

Am besten schreiben Sie die Antworten gleich auf. Diese *Notizen* sollten stichwortartig ausfallen. Sie können natürlich auch vollständige Sätze aufschreiben, diese sollten dann kurz und präzise sein.

Wenn beim Notieren neue Fragen auftauchen: Halten Sie auch diese schriftlich fest und stellen Sie diese bei weiterer Lektüre nachträglich. *Wichtig* ist, dass Sie beim Fragenbeantworten und Notizenmachen **nicht** in den betreffenden Text sehen. Sie lernen besser, wenn Sie sich bemühen, dabei *eigene*

Ausdrücke und Formulierungen zu benutzen. Erst, wenn sich trotz konzentrierten Nachdenkens noch Verständnislücken bemerkbar machen, sollten Sie noch einmal gezielt nachlesen. Das sollte aber erst geschehen, nachdem Sie versucht haben, alle Fragen zu beantworten. Damit gehen Sie dann zum letzten Schritt der Methode, zur Kontrolle, über.

Welche Vorteile hat das schriftliche Beantworten der Fragen?

Man kann natürlich einen Text auch im Geist rekapitulieren, die Fragen im Kopf beantworten. Aber das schriftliche Rekapitulieren hat wichtige Vorteile:
- Sie werden aktiv.
- Sie durchdenken das Gelesene besser.
- Sie werden zur Klarheit gezwungen (beim mündlichen Rekapitulieren sind Selbsttäuschungen viel leichter möglich, während Sie beim Schreiben den Sachverhalt zwangsläufig besser und genauer durchdenken).
- Sie können Wissen aus Büchern festhalten, die Ihnen nicht gehören und die Sie wieder abgeben müssen.
- Das Nachschlagen und spätere Wiederholen wird wesentlich vereinfacht, da Sie alles auf ein paar Seiten zusammengefasst haben.
- Für die Vorbereitung auf Prüfungen haben Sie mögliche Prüfungsfragen und die zugehörigen Antworten bereits schriftlich fixiert.

Zusammenfassung

Bei dem Schritt 4 „Fragen beantworten" geht es darum, die Fragen zu beantworten, die Sie an den betreffenden Text gestellt haben. Dabei sehen Sie nicht im Text nach, sondern beantworten die Fragen schriftlich ohne den Text. Dadurch prüfen Sie, ob Sie tatsächlich das gelernt haben, was Sie aufgrund des betreffenden Textes lernen wollten.

Übungsaufgaben

1. Legen Sie nun den Text, den Sie in den Übungen der vorausgegangenen Schritte bearbeitet haben, weg. Versuchen Sie nun die zu diesem Text gestellten Fragen zu beantworten, ohne in diesen Text zu schauen!
2. Überlegen Sie, wie Sie beim Beantworten der Fragen vorgegangen sind! Traten dabei Probleme auf? Wie könnte man diese gegebenenfalls lösen?

Schritt 5: Rückblick, Kontrolle

Behandelte Fragen
1. Wozu dient der letzte Schritt der 5-Schritte-Methode?
2. Wie formuliert man endgültig die Fragen und Antworten?

Wenn Sie die 5-Schritte-Methode anwenden, sollten Sie, wie schon mehrfach erwähnt, abschnittweise vorgehen und dabei zuerst jeden Abschnitt überfliegen, dann dazu Fragen stellen, den Abschnitt lesen und anschließend rekapitulieren, das heißt, die Fragen aus dem Kopf beantworten.

Nun folgt der fünfte und letzte Schritt, *der Rückblick und die Kontrolle.*

Wozu dient der letzte Schritt der 5-Schritte-Methode?

Die Notizen, die Sie angefertigt haben, sollen das enthalten, was Sie dem Text entnehmen wollen. Gleich nach dem Schritt 4 „Fragen beantworten" schlagen Sie das Buch wieder auf oder nehmen den Artikel wieder zur Hand. Sie überfliegen nun noch einmal den Abschnitt, den Sie eben bearbeitet haben.

Dabei überprüfen Sie folgende vier Punkte:
1. Habe ich die Fragen, die ich an den Text gestellt habe, richtig beantwortet? Falls Sie beim Rückblick merken, dass eine Antwort falsch war, verbessern Sie diese.
2. Betreffen die Fragen das, was ich dem Text entnehmen wollte, das heißt, habe ich alle wichtigen Sachverhalte erfasst?
   - Formulieren Sie Fragen neu, die nicht genau das erfassten, was Sie dem Text entnehmen wollen!
3. Habe ich genügend Fragen zum Thema gestellt oder fehlen noch wichtige Punkte?
   - Stellen Sie zusätzliche Fragen zu wichtigen Sachverhalten, wenn Sie merken, dass die Antworten nicht alles umfassen, was Sie brauchen.
4. Habe ich keine unnötigen Fragen gestellt (das heißt Fragen, die schon an anderer Stelle beantwortet wurden oder die unwichtige Sachverhalte erfassen)?
   - Streichen Sie überflüssige Fragen!

Wie formuliert man endgültig die Fragen und Antworten?

Bei dieser Kontrolle überarbeiten Sie zwangsläufig die Notizen, die Sie beim Schritt 4 „Fragen beantworten" gemacht haben. Wenn Sie für eine Prüfung lernen oder wenn Sie Ihre Notizen noch häufig benötigen werden, dann können Sie Ihre Antworten jetzt ausformulieren und – mit den Fragen zusammen – geordnet abheften.

Verstehen Sie das bitte nicht falsch: Sie müssen natürlich nicht in jedem Fall Notizen machen. Sie sollen sich nicht unnötig viel Arbeit aufhalsen. Wenn Sie zum Beispiel eine Zeitung überfliegen und nach den wichtigsten Punkten suchen, nur um sich schnell zu informieren, brauchen Sie das selbstverständlich nicht zu notieren. Auch, wenn Sie in einem Fachbuch etwas nachlesen wollen, was Sie sich aber nicht unbedingt merken müssen, wäre es sinnlos, gleich alles aufzuschreiben. Wenn Sie aber wissen, dass Sie den Stoff für eine Prüfung beherrschen müssen, sind Notizen sehr zweckmäßig. Sie sparen sich damit zeitraubendes Suchen und erneutes Nachlesen.

Die Zeit, die Sie für die Endkontrolle ansetzen, muss nicht lang sein: Wenn Sie genügend Übung haben, gute Fragen stellen können, und wenn Sie es gelernt haben, beim Lesen konzentriert nur nach den Antworten auf diese Fragen zu suchen, dann werden Sie für den Rückblick und die Endkontrolle nur wenig Zeit benötigen. Falls Sie im Umgang mit der 5-Schritte-Methode noch nicht so geübt sind, wird Sie der letzte Schritt etwas länger beschäftigen.

Das endgültige Notieren der Fragen und Antworten wird Sie allerdings auch bei größerer Übung einige Zeit kosten, aber dafür haben Sie dann ein privates Nachschlagewerk, das nur das enthält, was für Sie wirklich wichtig ist, und das eine gute Grundlage für Prüfungsvorbereitungen sein kann.

Wenn Sie die 5-Schritte-Methode hinreichend geübt haben, können Sie in manchen Fällen einen Text gut erfassen, ohne dass Sie die fünf Schritte ausdrücklich Schritt für Schritt befolgen. Sie haben dann auch ohne diese Schrittabfolge gelernt, sich aktiv intensiv mit einem Text auseinanderzusetzen.

Zusammenfassung

Der abschließende Schritt 5 „Rückblick, Kontrolle" hat zwei Funktionen: Erstens wird überprüft, ob man die an den Text gestellten Fragen richtig beantwortet hat. Gegebenenfalls muss man die Antworten korrigieren. Zweitens wird überprüft, ob man überhaupt die richtigen Fragen gestellt hat. Ist dies nicht für alle gestellten Fragen der Fall, dann korrigiert man die falschen Fragen und fügt diesen die Antworten hinzu.

Übungsaufgaben

1. Nehmen Sie nun wieder den Text, den Sie in den Übungen der vorausgegangenen Schritte bearbeitet haben, und versuchen Sie folgende Fragen zu beantworten:

   a) Habe ich die Fragen, die ich an den Text gestellt habe, richtig beantwortet?

   b) Betreffen die Fragen das, was ich dem Text entnehmen wollte, das heißt, habe ich alle wichtigen Sachverhalte erfasst?

   c) Habe ich genügend Fragen zum Thema gestellt oder fehlen noch wichtige Punkte?

   d) Habe ich keine unnötigen Fragen gestellt (das heißt Fragen, die schon an anderer Stelle beantwortet wurden oder die unwichtige Sachverhalte erfassen)?

Die 5-Schritte-Methode für größere Zusammenhänge

Behandelte Frage

1. Wie kann man die Vorgehensweise der 5-Schritte-Methode auf das Lernen größerer Zusammenhänge übertragen?

Sie kennen die 5-Schritte-Methode nun vollständig und haben vielleicht mit Hilfe der Übungen versucht, sich damit vertraut zu machen. Möglicherweise ist bei Ihnen zwischendurch schon die Frage aufgetaucht, ob man sich nicht verzettelt und – insbesondere beim Bearbeiten von umfangreichen Gebieten – den Überblick verliert. Vielleicht haben Sie schon überlegt, ob man nicht häufiger über die Zusammenhänge nachdenken sollte.

Tatsächlich spaltet die 5-Schritte-Methode einen Text in Einzelabschnitte und Einzelfragen auf. Die Forschung der Lernpsychologie konnte zeigen, dass Sachverhalte, die in der Wissensstruktur nicht in Zusammenhänge eingeordnet werden, sehr schnell wieder vergessen werden können.

Um dem entgegenzuwirken, können Sie im Sinne der 5-Schritte-Methode bei einem umfangreichen Stoffgebiet auch größere Zusammenhänge erfassen.

Dazu *Überfliegen* Sie alles, was Sie zum Thema gelesen und notiert haben, und achten Sie auf den großen Zusammenhang. Suchen Sie nach Zusammenhängen und übergeordneten Gedanken zwischen den Kapiteln und nach den Hauptfragen, die der gesamte Text beantworten will. Stellen Sie diese Fragen ruhig schriftlich, suchen Sie beim Durchlesen Ihrer Notizen nach Antworten darauf und schreiben Sie diese Antworten auf. Damit haben Sie schon die ersten 4 der 5 Schritte gleichsam auf einer übergeordneten Ebene angewandt. Der 5. Schritt ist dann nicht mehr problematisch: Wenn Sie sicher sind, dass Sie die wichtigsten übergeordneten Gedanken erfasst haben, kann er entfallen. Er kann aber auch in einem kurzen Überdenken der Hauptpunkte des Gebietes bestehen. Wenn das Gebiet nicht zu groß ist oder wenn Sie sich keine Notizen machen wollen, reicht oft dieser letzte Schritt, um sich Zusammenhänge bewusst zu machen und übergeordnete Gedanken zu verstehen.

Zusammenfassung

Die 5-Schritte-Methode bezieht sich zunächst auf das effektive Erlernen der Informationen, die man einem bestimmten Text entnehmen will. Dabei muss der Umfang der Textabschnitte so gewählt werden, dass die Anzahl der zu beantwortenden Fragen gering bleibt, weil man einen Text nur im Hinblick auf die Beantwortung weniger Fragen lesen kann. Um diese Fragen in einen größeren Zusammenhang einzubetten, ist es insbesondere bei längeren Texten nützlich, die 5-Schritte-Methode auf übergeordneter Ebene anzuwenden. Dabei stellt man an diesen längeren Text übergeordnete Fragen, welche die Fragen zu den kleineren Textabschnitten in einen größeren Zusammenhang bringen. Dieses Herstellen von Zusammenhängen erleichtert das Verständnis des zu bearbeitenden Themas und fördert den nachhaltigen Wissenserwerb, weil dadurch eine stärkere Vernetzung des Gelernten in der eigenen Wissensstruktur unterstützt wird.

Übungsaufgaben

1. Nehmen Sie ein Fachbuch, das sie bereits kennen, und versuchen Sie, die 5-Schritte-Methode auf übergeordneter Ebene, wie es eben geschildert wurde, anzuwenden!
2. Überlegen Sie, wie Sie dabei vorgegangen sind! Gab es dabei Probleme? Wie können diese gegebenenfalls gelöst werden?

3.4 Gestaltung geeigneter Lernmethoden

Wir haben im vorangegangenen Abschnitt als ein Beispiel für eine zielführende Lernmethode die 5-Schritte-Methode ausführlich behandelt. Sie hat sich oft bewährt, wenn es darum geht, sich aus Texten dasjenige anzueignen, was einem wichtig ist. Andere Arten von Lernthemen erfordern natürlich andere Lernmethoden, zum Beispiel die Lernthemen: Vokabeln lernen, eine Melodie auf einem Musikinstrument spielen können, Ski fahren können.

Im Rahmen dieses kleinen Ratgebers ist es nicht möglich, viele Lernmethoden ausführlich zu behandeln. Wir möchten Sie aber bei der Gestaltung von speziell für Sie geeigneten Lernmethoden unterstützen, indem wir ausgehend von der 5-Schritte-Methode erläutern, worauf dabei zu achten ist.

Behandelte Fragen

1. Inwieweit wird die 5-Schritte-Methode den sieben Konzepten für ein erfolgreiches Lernen gerecht?
2. Was sollte man bei der Gestaltung von individuell geeigneten Lernmethoden beachten?

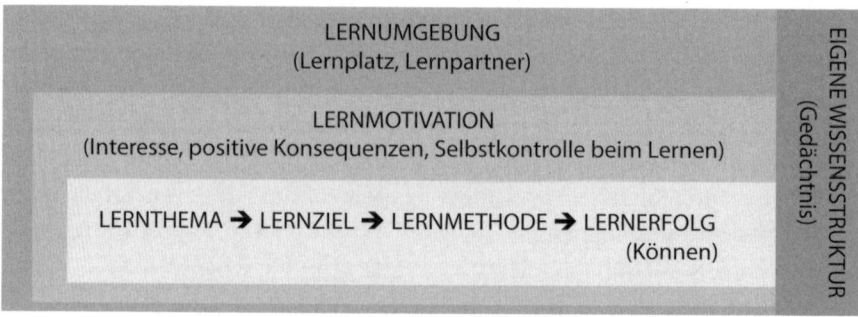

Abbildung 1a (Wiederholung der Abb. 1): Sieben Konzepte für ein erfolgreiches Lernen.

Inwieweit wird die 5-Schritte-Methode den sieben Konzepten für ein erfolgreiches Lernen gerecht?

Analysieren wir die 5-Schritte-Methode mit den bereits erläuterten sieben Konzepten für erfolgreiches Lernen (vgl. Abschnitt 2.2 und Abb. 1a). Bei dieser Lernmethode gelangt man durch Schritt 1 „Überblick gewinnen" und Schritt 2 „Fragen an den Text stellen" vom *Lernthema* zum *Lernziel,* indem Fragen formuliert werden, deren Beantwortung Lernziele sind. Der Schritt 3 „Lesen" ist nur ein Teil dieser *Lernmethode.* Der *Lernerfolg* wird überprüft durch den Schritt 4 „Fragen beantworten" und den Schritt 5 „Rückblick, Endkontrolle".

Die *Lernmotivation* wird bei dieser Lernmethode ebenfalls gefördert: Das Interesse wird geweckt, indem man aktiv Fragen zum Text stellt. Positive Konsequenzen können sich durch die Beantwortung der Fragen einstellen. Die Strukturierung dieser Lernmethode in 5 Schritte steigert die Selbstkontrolle beim Lernen. Die Verankerung des zu Lernenden in die *eigene Wissensstruktur* wird einerseits gefördert durch den aktiven Umgang mit dem Text, der nur durch die eigene Wissensstruktur in Gang gesetzt werden kann, und andererseits durch die Anwendung der 5-Schritte-Methode für größere Zusammenhänge, welche hilft, übergeordnete Zusammenhänge zu erfassen und dadurch das Gelernte besser in der Wissensstruktur verankert.

Selbst für die Gestaltung der *Lernumgebung* kann die 5-Schritte-Methode nützlich sein: Wenn man zum Beispiel die Fragen, die man an den Text stellt, auf die eine Seite einer Karteikarte schreibt und auf die andere Seite die Antwort, dann kann man die Karteikarten einem Lernpartner geben und sich prüfen lassen. Dieses wird später genauer beschrieben.

Was sollte man bei der Gestaltung von individuell geeigneten Lernmethoden beachten?

Wir haben eben unter Verwendung der sieben Konzepte für erfolgreiches Lernen analysiert, warum die 5-Schritte-Methode erfolgreich sein kann. In manchen Fällen ist die 5-Schritte-Methode nicht geeignet, sei es, weil sie nicht zur Lernstrategie passt, welche die lernende Person gewohnt ist, sei es, weil sie sich für den ausgewählten Lerngegenstand wenig eignet. In dem Fall kann es nützlich sein, eine passende andere Lernmethode entweder zu suchen oder selbst zu gestalten. Ob diese andere Lernmethode geeignet ist, kann man prüfen, indem man die sieben Konzepte für erfolgreiches Lernen heranzieht. Dabei erweist sich die Beantwortung folgender Fragen als nützlich (vgl. Abb. 1a):

- Zu **Lernthema und Lernziel**:
  - ➢ Wird der Schritt vom Lernthema zum Lernziel hinreichend vollzogen, das heißt, wird die überprüfbare Präzisierung der Lernziele durchgeführt?
- Zur **Lernmethode**:
  - ➢ Passt die Lernmethode zum Lernziel?
- Zum **Lernerfolg**:
  - ➢ Kann der Lernerfolg in geeigneter Weise überprüft werden?
- Zur **Lernmotivation**:
  - ➢ Hilft die Lernmethode, Interesse am Lerngegenstand zu wecken oder zu erhalten?
  - ➢ Gibt es positive Konsequenzen für die Lerntätigkeiten, das heißt, kann ich mich irgendwie beim Lernen belohnen?
  - ➢ Wird die Selbstkontrolle beim Lernen unterstützt, das heißt, gibt es strukturierende Aspekte, die mir bei der Steuerung des Lernprozesses helfen?
- Zur **Lernumgebung**:
  - ➢ Kann ich den Lernplatz so einrichten, dass er für den geplanten Lernprozess geeignet ist?
  - ➢ Ist es möglich, Lernpartner in den Lernprozess einzubeziehen?
- Zur **eigenen Wissensstruktur**:
  - ➢ Wird eine vielfältige Verankerung des zu Lernenden in die eigene Wissensstruktur unterstützt (vgl. Teil II dieses Buches zum Verstehen)?
- Sind bei der Gestaltung geeigneter Lernmethoden neben den sieben für ein erfolgreiches Lernen (vgl. Abb. 1a) weitere Aspekte zu beachten? Wenn man zum Beispiel etwas sehr sicher können muss, dann sollte man es besonders intensiv üben und später diese Übung wiederholen.

Zusammenfassung

Bei der Gestaltung geeigneter Lernmethoden kann es nützlich sein, die sieben Konzepte für ein erfolgreiches Lernen (vgl. Abb. 1a) zu beachten. Wenn man sich etwas ganz Bestimmtes aneignen möchte, dann sollte in jedem Falle der angestrebte Lernerfolg überprüfbar sein.

Übungsaufgaben
1. Denken Sie sich einen Lerngegenstand aus, für den die 5-Schritte-Methode als Lernmethode nicht geeignet ist, und versuchen Sie dafür eine geeignete Lernmethode zu gestalten, indem sie die oben genannten Punkte heranziehen!
2. Haben Sie dabei weitere Gesichtspunkte gefunden, die in diesem Abschnitt nicht erwähnt wurden?

3.5 Lernmotivation steigern

Entsprechend der sieben Konzepte für erfolgreiches Lernen (vgl. Abb. 1) behandeln wir nun das Konzept „Lernmotivation"; dazu gehört im Einzelnen:
- Interesse am Lernthema
- Selbstkontrolle beim Lernen

Interesse am Lernthema

Behandelte Fragen
1. Warum fördert Interesse am Lernthema das Lernen?
2. Was tun, wenn man kein Interesse am Lernthema hat?
3. Wie können Sie eine Lerntätigkeit fördern?

Warum fördert Interesse am Lernthema das Lernen?

Wenn wir an einem Lernthema interessiert sind, wenden wir uns einem dazugehörigen neuen Lernziel aufmerksam und intensiv zu. Die Beschäftigung mit einem solchen Lernziel ist für uns angenehm. Solche Lerntätigkeiten haben positive Konsequenzen, wir werden für dieses Lernen belohnt. Darüber hinaus haben wir mit dem interessanten Lernthema bereits Erfahrungen gemacht, die sich schon als vielfältige Gedächtnisinhalte in unserer Wissensstruktur niedergeschlagen haben. Diese werden nun bei der Beschäftigung mit dem neuen Lernziel aktiviert und ermöglichen eine gute Vernetzung des neu Gelernten in der eigenen Wissensstruktur.

Was tun, wenn das Lernthema nicht interessiert?

Nicht alles, was wir lernen müssen, finden wir interessant. Welche Möglichkeiten gibt es, zumindest ansatzweise ein lernwirksames Interesse zu erzeugen? Ausgehend von der eben behandelten Frage, warum Interesse am Lernthema das Lernen fördert, prüfen Sie für sich folgende Möglichkeiten:

- Denken Sie darüber nach, warum Sie sich für das betreffende Lernthema nicht interessieren und ob Sie das ändern könnten.
- Stellen Sie sich vor, welche Konsequenzen es haben kann, wenn Sie das ungeliebte Lernziel nicht erreichen.
- Versuchen Sie zu dem ungeliebten Lernziel passendes Vorwissen in der eigenen Wissensstruktur zu aktivieren.
- Versüßen Sie sich die Aneignung des ungeliebten Lernziels, indem Sie sich dafür eine Belohnung aussetzen.

Dazu ein Beispiel:

> Eva muss sich auf eine Prüfung in Ethik vorbereiten, obwohl sie dieses Fach überhaupt nicht interessiert. Sie soll über bestimmte ethische Ansätze Bescheid wissen. Sie quält sich durch die Lektüre dieser verschiedenen Ansätze und versucht sich diese durch Wiederholen einzuprägen. Das Ganze ist mühsam und trostlos. Was kann Eva tun, um ihr Interesse zu steigern? Sie könnte sich etwa Folgendes sagen: „Das nervt mich alles! Aber ich will mal versuchen, den ethischen Ansätzen dadurch etwas abzugewinnen, dass ich sie auf mich beziehe. Ich habe gegenüber meinem Freund ein schlechtes Gewissen, weil ich ihn angelogen habe. Wie wird denn dieses Verhalten aus der Sicht der verschiedenen Ethikansätze beurteilt?"

Dieses Beispiel zeigt, dass man mangelndes Interesse steigern kann, indem man versucht, sich den ungeliebten Lerngegenstand zu eigen zu machen. Das bedeutet hier auszuprobieren, inwieweit man den neuen Lerngegenstand mit dem eigenen Vorwissen verbinden kann. Bei Eva besteht ein emotionaler Teil ihres Vorwissens darin, dass sie Ethik nicht mag, und ein anderer Teil darin, dass sie Gewissensbisse wegen ihrer Lüge hat. Indem sie nun versucht, diese beiden Teile zu verbinden, bekommen die zunächst ungeliebten ethischen Ansätze eine persönliche Bedeutung und werden zumindest etwas interessanter. Dieses gesteigerte Interesse bewirkt ein intensiveres Durchdenken der zu lernenden ethischen Ansätze sowie einen besseren Lernerfolg.

Wenn wir in Abschnitt 4.2 das Verstehen als individuelles Nutzbar-Machen des Gelernten behandeln, kommen wir nochmals auf die Förderung des Interesses für den Lerngegenstand zurück.

Wie können Sie eine Lerntätigkeit fördern?

Wir führen eine bestimmte Handlung gern aus, wenn wir uns dabei wohl fühlen oder dafür belohnt werden. Dann sind wir bestrebt, diese Handlung häufiger auszuführen, da sie *verstärkt* wurde. Umgekehrt vermeiden wir Handlungen, bei denen wir uns unwohl fühlen oder die eine negative Konsequenz zur Folge haben. Eine Handlung kann zeitweise verstärkt oder abgeschwächt werden.

> Peter hat zunächst überhaupt keine Lust, zur Erhaltung seiner Gesundheit zu joggen. Eine Freundin lädt ihn ein, zweimal in der Woche gemeinsam morgens zu joggen. Peter joggt erst nur ihr zuliebe, aber dann merkt er, dass das Joggen ihm gut tut. Das Joggen wurde durch die positive Konsequenz, sich hinterher wohl zu fühlen, verstärkt. Später verstaucht sich Peter beim Joggen den Fuß. Aus Furcht, dass das wieder passieren könnte, joggt er nicht mehr. Seine Motivation zu joggen wurde erheblich abgeschwächt.

Was für Handlungen allgemein gilt, trifft auch auf Lernaktivitäten zu. Wenn wir etwas lernen, was uns Spaß macht und interessiert, sind wir kaum zu bremsen. Ist hingegen der Lerngegenstand uninteressant und schwierig, sind wir geneigt, die Lernaktivität zu beenden und vielleicht sogar stattdessen das schmutzige Geschirr abzuwaschen – was wir sonst nicht gerne tun. Wir lernen also dann gern, wenn uns der Lerngegenstand interessiert oder eine Belohnung winkt. Manchmal allerdings interessiert uns das, was wir lernen müssen, überhaupt nicht. In solchen Fällen kann man sich für das Lernen eine Belohnung aussetzen. Man kann einen *Verhaltensvertrag* mit sich selbst schließen, etwa in der Form: Wenn ich dieses (z.B. ein langweiliges Lehrbuchkapitel) erfolgreich durchgearbeitet habe, dann belohne ich mich mit … (z.B. mit einem Stück meines Lieblingskuchens oder einer Internetrecherche zu meinem Hobby).

> In dem eingangs dargestellten Fallbeispiel hat Anna Müller das ungeliebte Lernen für die Prüfung den ganzen Vormittag hinausgeschoben, indem sie Hausarbeiten verrichtete. Besser wäre es gewesen, sie hätte möglichst früh mit dem Lernen begonnen, sich dann eine kleine Belohnung gegönnt, dann einen Teil der Hausarbeiten verrichtet, dann wieder eine Zeit lang gelernt mit einer nachfolgenden kleinen Belohnung usw.

Eine Lerntätigkeit kann also dadurch gefördert werden, dass ihr positive Konsequenzen folgen.

Zusammenfassung

Interesse am Lernthema fördert das Lernen. Wenn kein Interesse vorhanden ist, gibt es Möglichkeiten, es zumindest ansatzweise zu wecken. Man kann unter anderem überlegen, welche Konsequenzen es haben kann, wenn man das ungeliebte Lernziel nicht erreicht und nach Ansätzen suchen, dieses Lernziel in der eigenen Wissensstruktur zu verankern. Darüber hinaus fördern positive Konsequenzen der Lerntätigkeit den Lernerfolg. Wenn nötig, kann man positive Konsequenzen mittels eines Verhaltensvertrages mit sich selbst vereinbaren.

Übungsaufgaben

1. Denken Sie sich ein Lernziel aus, das Sie nicht interessiert, dessen Erwerb für Sie aber nützlich wäre. Versuchen Sie für dieses Lernziel etwas Interesse zu entwickeln, indem Sie die oben vorgeschlagenen Möglichkeiten anwenden!
2. Überlegen Sie, wie Sie Ihr Lernen, das Ihnen zunächst keinen Spaß macht, mit positiven Konsequenzen belohnen können!
3. Stellen Sie sich vor, dass ein größeres Lernvorhaben ansteht, zum Beispiel die Vorbereitung auf eine Prüfung, und dass Ihnen dieses Lernvorhaben überhaupt keinen Spaß macht. Überlegen Sie zu diesem Lernvorhaben einen Verhaltensvertrag mit sich selbst abzuschließen, der verbindlich festlegt, wie Sie sich über eine längere Zeit für Ihre Lerntätigkeiten belohnen!

Selbstkontrolle beim Lernen

Behandelte Fragen

1. Was verstehen wir unter Selbstkontrolle?
2. Wie kann Selbstkontrolle beim Lernen helfen?

Was verstehen wir unter Selbstkontrolle?

Selbstkontrolle nennen wir eine Maßnahme einer Person, aktiv einer Versuchung zu widerstehen, etwas zu tun, was angenehmer ist als die eigentlich beabsichtigte Handlung.

Wie kann Selbstkontrolle beim Lernen helfen?

Selbstkontrolle kann beim Lernen sehr nützlich sein, wenn es darum geht, sich nicht ablenken zu lassen: Sie wollen sich auf die Aneignung eines Lernziels konzentrieren. Dazu kann es notwendig sein, dafür zu sorgen, dass es nicht zu Ausweichverhalten kommt. Unter Ausweichverhalten verstehen wir ein Verhalten, mit dem man bezweckt das eigentliche angestrebte Verhalten, in unserem Fall eine geplante Lerntätigkeit, zu vermeiden oder zumindest aufzuschieben.

> Statt sich zum Beispiel mit dem ungeliebten Lehrbuch zu beschäftigen (geplante Lerntätigkeit), machen Sie lieber erst einmal den Abwasch (Ausweichverhalten). Abwaschen ist zwar auch nicht besonders attraktiv, aber in diesem Fall immer noch angenehmer als die angestrebte Lerntätigkeit.

Da dieses Ausweichverhalten einen Teil des Arbeitsproblems darstellt, wollen wir es hier *Problemverhalten* nennen.

Die Verhaltensabfolge, die beim Problemverhalten auftritt, könnte z.B. folgendermaßen aussehen (V steht für Verhalten):

$$V_1 \rightarrow V_2 \rightarrow V_3 \rightarrow$$

V_1 = an den Schreibtisch setzen, um zu lernen,
V_2 = interessante Zeitung in die Hand nehmen und
V_3 = darin lesen und aufgrund dessen in weiteren Zeitschriften blättern.

Wie Sie wahrscheinlich aus eigener Erfahrung wissen, ist es umso schwerer, aus dieser Verhaltensabfolge, diesem Ausweich- oder Problemverhalten herauszukommen, je tiefer man hineingeraten ist (denn die Beschäftigung mit den interessanten Zeitschriften empfindet man als wesentlich angenehmer, es hat positive Konsequenzen – im Gegensatz zu der Beschäftigung mit dem ungeliebten Lehrbuch).

Jetzt geht es darum, ein Kontrollverhalten einzuführen, um diese vom Lernen abhaltende Verhaltensabfolge zu unterbrechen und durch eine andere zu ersetzen, die ein erwünschtes Verhalten beinhaltet. Dabei wird ein Verhalten, das möglichst am Anfang der unerwünschten Verhaltensabfolge steht, zum Auslöser für eine andere Verhaltenssequenz, welche das unerwünschte

Verhalten vermeidet. Diesen Prozess können Sie sich an dem Schema in Abbildung 2 verdeutlichen.

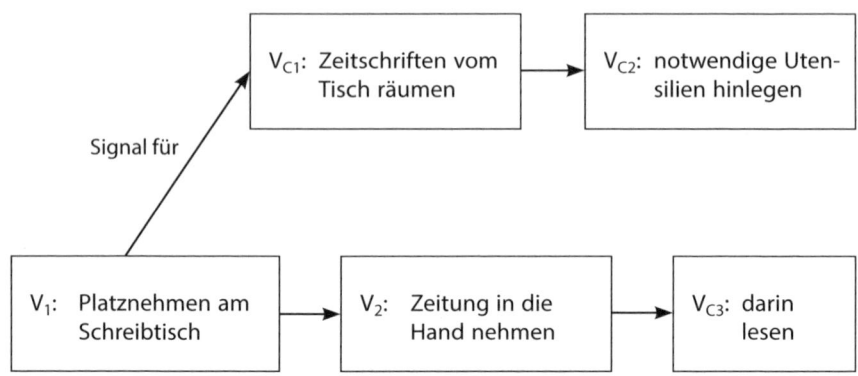

Abbildung 2[3]: Selbstkontrolle beim Lernen

Hier wird z.B. das Platznehmen am Schreibtisch (V_1) zum Signal, die interessanten, aber ablenkenden Zeitschriften vom Tisch zu räumen (V_{C1}) und alle notwendigen Arbeitsutensilien hinzulegen (V_{C2}), um dann mit dem Lernen beginnen zu können. Die Verhaltensweisen V_2 und V_3 kennzeichnen hier das Ausweich- oder Problemverhalten, welches durch die Kontrollverhalten V_{C1} und V_{C2} verhindert wird (das c in V_{C1} und V_{C2} weist darauf hin, dass es sich um Kontrollverhalten handelt).

Zusammenfassung

Unter Selbstkontrolle wird hier die Maßnahme einer Person verstanden, aktiv einer im Moment störenden Versuchung zu widerstehen. Dazu bedarf es eines Signals, welches anzeigt, dass in der betreffenden Situation die Gefahr besteht, die angestrebte, aber weniger angenehme Tätigkeit nicht aufzunehmen, sondern mit einem Ausweichverhalten zu vermeiden. Dieses Signal soll dazu führen, die Situation so zu gestalten, dass man sich auf die angestrebte, weniger angenehme Tätigkeit – hier die Lerntätigkeit – konzentrieren kann.

---

3   Quelle: Günther, Heinze & Schott, 1977, S. 16.

Übungsaufgaben
1. Machen Sie sich Ihr Ausweichverhalten bewusst: Was tun Sie, um nicht zu lernen? Was sind Auslöser für dieses Verhalten?
2. Überlegen Sie, wie Sie beim Lernen eine Selbstkontrolle im eben erläuterten Sinne einsetzen können!
3. Warum ist es manchmal schwer, eine solche Selbstkontrolle aufrechtzuerhalten – und was kann man dagegen tun?

3.6 Gestaltung der Lernumgebung

Entsprechend der sieben Konzepte für erfolgreiches Lernen (vgl. Abb. 1) behandeln wir nun das Konzept „Lernumgebung", dazu gehört im Einzelnen:
- Einrichten eines guten Lernplatzes,
- Lernpartner: gemeinsam lernen.

Einrichten eines geeigneten Lernplatzes

Behandelte Fragen
1. Was ist die Funktion eines geeigneten Lernplatzes?
2. Welche Punkte sollte man beachten, um sich am Lernplatz nicht ablenken zu lassen?

Ein guter Lernplatz kann für verschiedene Personen recht unterschiedlich sein. Deshalb gibt es hier kein Patentrezept – aber einige Hinweise haben sich für viele als nützlich erwiesen.

Was ist die Funktion eines geeigneten Lernplatzes?

Ein gut eingerichteter Lernplatz sollte nicht vom Lernen ablenken und Ihnen helfen, Problemverhalten zu vermeiden (wo keine interessante Zeitung liegt, kommt man auch nicht in die Versuchung, sie zu lesen). Das Herrichten des Lernplatzes kann möglicherweise bereits als Kontrollverhalten dienen (siehe 3.5, Abschnitt Selbstkontrolle beim Lernen), indem es auf das Lernen einstimmt.

Welche Punkte sollte man beachten, um sich am Lernplatz nicht ablenken zu lassen?

Folgende drei Punkte sind empfehlenswert, falls Sie sich beim Lernen leicht ablenken lassen:

1. *Der Lernplatz ist nur zum Arbeiten da!*

   Wenn man sich also an diesen Platz begibt, dann nur, um zu lernen. Das gilt auch umgekehrt: Zum Arbeiten setzt man sich nur an den Schreibtisch und nicht anderswo hin. Dadurch bekommt dieser Platz eine ganz bestimmte Funktion, eine sogenannte „Signalfunktion", denn er gibt automatisch das Signal „Arbeiten", wenn man sich hinsetzt.

2. *Der Lernplatz soll frei von Dingen sein, die ablenken könnten.*

   Es sollte nichts auf der Arbeitsfläche liegen, was zu anderen Tätigkeiten anregen könnte. Vielmehr muss alles, was zum Arbeiten gehört, möglichst in unmittelbarer Reichweite sein.

3. *Der Lernplatz muss als „Platz zum Arbeiten" erkennbar sein!*

   Wenn das Zimmer sehr klein ist, so dass man an einem Tisch arbeiten, essen und andere Dinge tun muss, dann sollte man bestimmte Vorkehrungen treffen, die anzeigen: Jetzt ist der Tisch ein Lernplatz (z.B. Spiele und Zeitschriften wegräumen oder ähnliches). Auf jeden Fall sollte man an dem so eingerichteten Tisch nichts anderes tun als arbeiten.

Für manche ist es hilfreich, die gewohnte Umgebung zu verlassen, und einen neuen Lernplatz aufzusuchen, zum Beispiel eine Bibliothek.

Zusammenfassung

Was für den Einzelnen einen guten Lernplatz ausmacht, kann recht unterschiedlich sein. In der Regel ist es nützlich, darauf zu achten, dass der Lernplatz möglichst signalisieren sollte, dass es dort nur um das angestrebte Lernen geht. Dieser Lernplatz sollte so aufgeräumt sein, dass man nicht abgelenkt wird. Zweckdienlich kann es auch sein einen neuen Lernplatz außerhalb der gewohnten Umgebung aufzusuchen.

Übungsaufgaben

1. Überlegen Sie, an welchem Lernplatz (bzw. an welchen Lernplätzen) Sie lernen und wodurch Sie gegebenenfalls abgelenkt werden!
2. Falls es solche Ablenkungen gibt: Wie könnten Sie diese verhindern?
3. Welche Dinge benötigen Sie an Ihrem Lernplatz?

Gemeinsam Lernen

Behandelte Frage
Welche Vorteile und Nachteile kann das gemeinsame Lernen bieten?

Gemeinsames Lernen bietet oft Vorteile:
- Verabredungen zu gemeinsamen Lernen, z.B. zum Abfragen des Lernstoffes, stabilisieren das eigene Zeitmanagement. Man will in der Regel eine Verabredung auch einhalten.
- Lernpartner haben oft eine etwas andere Sichtweise bezüglich des Lernstoffes. Dies bereichert das eigene Verstehen desselben.
- Tauchen Verständnisschwierigkeiten beim Lernstoff auf, kann man gemeinsam versuchen, das Problem zu lösen.
- Geteiltes Leid ist halbes Leid!

Gemeinsames Lernen kann aber auch Nachteile bringen, zum Beispiel:
- Man wird von dem abgelenkt, womit man sich eigentlich beim Lernen beschäftigen will.
- Die Lernfortschritte der Einzelnen in der Lerngruppe unterscheiden sich zu sehr.
- Die „Chemie" zwischen den Lernpartnern stimmt nicht, sie können nicht miteinander lernen.

Zusammenfassung
Gemeinsames Lernen kann Vorteile und Nachteile bringen. Einerseits kann gemeinsames Lernen in manchen Lernsituationen disziplinierend wirken, ferner kann man andere Sichtweisen zum Lernstoff kennenlernen und Verständnisschwierigkeiten gemeinsam beseitigen. Andererseits können nicht gewollte Ablenkungen, unterschiedliche Lernfortschritte der Gruppenmitglieder sowie eine mangelnde Sympathie zwischen den Lernenden den eigenen Lernprozess behindern.

Übungsaufgaben
1. Überlegen Sie, bei welchen Lernsituationen Ihnen gemeinsames Lernen günstig erscheint!
2. Wann halten Sie es für besser, allein zu lernen, wann gemeinsam und warum?

II. Erfolgreich verstehen

Wenn Sie etwas lernen, dann wünschen Sie sich in der Regel, dass das Gelernte für Sie Sinn macht, dass es für Sie in irgendeiner Weise nützlich ist, dass Sie es verstehen. Deshalb behandelt dieser Teil Hinweise zum erfolgreichen Verstehen.

Zunächst versuchen wir zu klären, was wir mit Verstehen meinen. Dazu wird einleitend erläutert, dass jedes Lernen ein individuelles Sich-zu-eigen-Machen des Lernziels ist. Darauf aufbauend, betrachten wir Verstehen als individuelles Nutzbar-Machen des Gelernten.

In diesem Sinne werden einige Formen des Verstehens vorgestellt.

4. Verstehen verstehen

In der Pädagogik wird immer wieder betont, wie wichtig das Verstehen beim Wissenserwerb ist. Lernende sollen sich nicht nur unverbundenes Faktenwissen eintrichtern, sondern vielmehr Verständnis für Zusammenhänge erwerben. Leider wird von den Lernenden in Prüfungen oft nur Faktenwissen abgefragt!

Was das Verstehen betrifft, so geht es in diesem Ratgeber um zweierlei:
1. Wenn wir jetzt das Verstehen näher behandeln, dann können wir dabei noch einmal ausführlich darlegen, wie wichtig der Umgang mit der „eigenen Wissensstruktur" für jede Art von Lernen ist.
2. Wir meinen, dass das hier beschriebene Verständnis von Verstehen helfen kann, mit den eigenen Lernprozessen besser vertraut zu werden, um so erfolgreicher lernen zu können.

4.1 Jedes Lernen ist ein individuelles Sich-zu-eigen-Machen des Lernziels

Jedes Lernen ist ein individuelles Sich-zu-eigen-Machen des Lernziels. Im Folgenden erläutern wir, warum das so ist und wie man die eigene Wissensstruktur beeinflussen kann, um einen guten Lernerfolg zu erreichen.

Behandelte Fragen

1. Warum ist jedes Lernen ein individuelles Sich-zu-eigen-Machen des Lernziels?
2. Warum ist das individuelle Sich-zu-eigen-Machen des Lernziels für erfolgreiches Lernen so bedeutsam?

Warum ist jedes Lernen ein individuelles Sich-zu-eigen-Machen des Lernziels?

Um diese Frage zu beantworten, betrachten wir genauer, was beim Lernen geschieht. Dazu greifen wir noch einmal das Beispiel auf, mit dem wir den Begriff „Lernziel" im Abschnitt 2.2 (Sieben Konzepte für erfolgreiches Lernen) erläutert haben:

> In Lehrplänen für eine bestimmte Schulform werden Lehrziele[4] vorgegeben. Dann wird zum Beispiel für den Unterricht in Sozialkunde das Lehrziel festgelegt, dass die Schüler zum Lernthema Ethik die Regel „Was du nicht willst, das man dir tu', das füg' auch keinem andern zu!" kennen und verstehen sollen. Dieses Lernziel kann von verschiedenen Schülern unterschiedlich wahrgenommen werden. Hubert mag Sozialkunde nicht und schon gar nicht das Thema Ethik. Er hat keine Lust, sich mit dieser Regel zu beschäftigen, und hofft, mit den Notizen, was die Lehrerin dazu gesagt hat, über die Runden zu kommen. Lena hingegen ist an Ethik interessiert und überlegt sich, inwieweit die angesprochene Regel für sie und andere in Frage kommen könnte.

In diesem Beispiel ist das durch den Lehrplan vorgegebene Lehrziel für alle betreffenden Schüler gleich, dass individuelle Sich-zu-eigen-Machen dieses Lehrziels als persönliches Lernziel durch Lernen aber bei verschiedenen Schülern unterschiedlich. Wie kommt das? Die Wissensstrukturen von Hubert und von Lena sind unterschiedlich. In Huberts Wissensstruktur besteht

---

4 Heute werden die „Lehrziele" häufig „Kompetenzen" genannt. Diese unterschiedlichen Begriffe und ihre jeweiligen Bedeutungsvarianten sind hier nicht wichtig. Näheres dazu in Schott & Azizi Ghanbari (2012).

eine Abneigung gegenüber dem Inhalt des vorgegebenen Lehrziels, und es finden sich wenige Verknüpfungen von der angesprochenen ethischen Regel zu ähnlichen Themen. Entsprechend wird bei ihm beim Lernen dieser Regel wenig in seiner Wissensstruktur verankert – ein langfristiges umfangreiches Kennen und Verstehen der angesprochenen Regel ist im Gegensatz zu Lena unwahrscheinlich.

In Lenas Wissensstruktur ist es anders, dort besteht eine Aufgeschlossenheit gegenüber dem Inhalt des vorgegebenen Lehrziels, und es finden sich viele Verknüpfungen dieser ethischen Regeln zu ähnlichen Themen, weil sie sich mit ethischen Problemen schon länger intensiv beschäftigt. Entsprechend wird bei ihr beim Lernen dieser Regel viel in ihrer Wissensstruktur verankert, die Thematik bleibt gefühlsmäßig positiv besetzt. Lena wird viel vom Gelernten behalten. Sie macht aus dem vorgegebenen Lehrziel ein viel umfangreicheres und strukturierteres persönliches Lernziel als Hubert.

Allgemein lässt sich festhalten:

Wie ein bestimmtes vorgegebenes Lehrziel wahrgenommen, beim Lernen als persönliches Lernziel angestrebt wird und welcher Lernerfolg sich dann einstellt, hängt maßgeblich von der eigenen Wissensstruktur ab.

Wie an dem Beispiel der Wissensstrukturen von Hubert und von Lena demonstriert, ist zielgerichtetes Lernen immer ein individuelles Sich-zu-eigen-Machen eines Lernziels, indem dessen Inhalt mehr oder weniger gut in die eigene Wissensstruktur integriert wird. Der dabei erreichte Lernerfolg kann unterschiedlich sein, je nachdem, wie der Lernende mit dem Lerngegenstand umgeht.

Warum ist das individuelle Sich-zu-eigen-Machen des Lernziels für erfolgreiches Lernen so bedeutsam?

Erfolgreiches Lernen hängt also maßgeblich von der eigenen Wissensstruktur und dem Umgang mit dem Lerngegenstand ab. Es ist nicht möglich, die eigene Wissensstruktur für ein neues Lernvorhaben völlig umzukrempeln, allerdings kann sie – wenn auch nur im begrenzten Umfang – positiv in Hinblick auf einen Lernerfolg beeinflusst werden (einige dieser Möglichkeiten haben wir bereits angesprochen). Solche Einflussmöglichkeiten sind:

- das Interesse am Lernziel stärken;
- den Lerntätigkeiten positive Konsequenzen folgen lassen, so dass die Aktivitäten der eigenen Wissensstruktur bezüglich des Lernziels intensiviert werden;
- mit Lernpartnern lernen, so dass die eigene Wissensstruktur bezüglich des Lernziels durch neue Sichtweisen bereichert wird;
- einen geeigneten Lernplatz einrichten, so dass die eigene Wissensstruktur während des Lernens nicht durch unpassende Störungen beeinträchtigt (gleichsam „verschmutzt") wird;
- zum Lernziel ähnliche Inhalte im Gedächtnis aktivieren, so dass eine stärkere Verankerung des zu Lernenden in der eigenen Wissensstruktur gefördert wird;
- versuchen, das zu Lernende auf verschiedene Weisen zu verstehen, dies fördert seine stärkere Verankerung in der eigenen Wissensstruktur – dazu im Folgenden mehr.

Zusammenfassung

Wissensbestandteile werden beim Lernen nicht gleichsam unverändert von der Wissensquelle (z.B. von einem Lehrbuch, von den Ausführungen einer Lehrkraft) in die Wissensstruktur des Lernenden transportiert. Vielmehr hängt es beim Lernenden maßgeblich von seiner Wissensstruktur und dem Umgang mit dem betreffenden Lerngegenstand ab, wie ein bestimmtes Lernziel wahrgenommen, beim Lernen angestrebt und welcher Lernerfolg erreicht wird. In begrenztem Umfang kann man die eigene Wissensstruktur zum Erreichen eines guten Lernerfolgs beeinflussen.

Übungsaufgaben

1. Versuchen Sie sich an einem eigenen Beispiel deutlich zu machen, warum jedes Lernen ein individuelles Sich-zu-eigen-Machen des Lernziels ist!
2. Denken Sie sich ein Lernziel aus und überlegen Sie dann, inwieweit Sie Ihre eigene Wissensstruktur und den Umgang mit dem Lernziel beeinflussen können, um den Lernerfolg zu fördern!

4.2 Verstehen als individuelles Nutzbar-Machen des Gelernten

Betrachtet man Verstehen als individuelles Nutzbar-Machen des Gelernten, dann kann man dies gezielt zur Verbesserung des Lernerfolgs verwenden, wenn man an dem zu erwerbenden Lernstoff nicht interessiert ist.

Behandelte Fragen
1. Was wird hier unter Verstehen als individuelles Nutzbar-Machen des Gelernten verstanden?
2. Inwiefern nutzt es für ein erfolgreiches Lernen, wenn man Verstehen als Nutzbar-Machen des Gelernten betrachtet?

Was wird hier unter Verstehen als individuelles Nutzbar-Machen des Gelernten verstanden?

Wenn im obigen Beispiel Lena die Regel „Was du nicht willst, das man dir tu', das füg' auch keinem andern zu!" in einer geeigneten Situation zitiert, um den Gesprächspartner darauf hinzuweisen, dass er rücksichtslos gehandelt hat, zeigt sie, dass sie diese Regel verstanden hat. Man kann das individuelle Nutzbar-Machen des Gelernten als eine wichtige Variante des Verstehens betrachten. Diese Variante des Verstehens kann in verschiedenen Formen auftreten, die wir im folgenden Kapitel 5 näher betrachten.

Generell ist die Wissensstruktur eines Menschen so eingerichtet, dass er insbesondere das lernt, was er gebrauchen kann – das macht ihn lebenstüchtig. Insofern werden Wissensbestände, die man häufig benutzt, in der Wissensstruktur gefestigt; solche Wissensbestände, die man nicht (mehr) braucht, verflüchtigen sich allmählich.

Betrachtet man den Erwerb eines bestimmten Lernziels für sich persönlich als nützlich, stellt sich in der Regel ein größerer Lernerfolg ein, als wenn man den zu erwerbenden Lernstoff für sich selbst als nutzlos betrachtet.

Inwiefern nutzt es für ein erfolgreiches Lernen, wenn man Verstehen als Nutzbar-Machen des Gelernten betrachtet?

Sofern das eben Gesagte stimmt, kann man es für erfolgreiches Lernen gezielt verwenden. Wenn man sich für ein bestimmtes vorgegebenes Lehrziel wenig interessiert, dann liegt das in der Regel daran, dass man bei dem zu erwerbenden Lernstoff für sich persönlich kaum einen Nutzen erkennt. In einem solchen Fall kann es helfen, sich einen fiktiven Nutzen auszudenken.

So könnte Hubert aus dem oben erwähnten Beispiel (Sozialkunde mag er nicht und schon gar nicht das Thema Ethik) sich sagen: „Ich habe zwar keine Lust mich mit ethischen Regeln zu beschäftigen, aber wenn's dem Lernerfolg dient, dann versuche ich, diese Regeln an praktischen Beispielen anzuwenden. Schließlich will ich in der Klausur dazu eine gute Note bekommen!" Hubert sieht zwar zunächst keinen Nutzen in der Beschäftigung mit ethischen Regeln, aber zum Zweck eines guten Lernerfolgs, den er in der Klausur unter Beweis stellen will, versucht er dennoch, sich diese Regeln nutzbar zu machen. Vielleicht ist dies für ihn sogar der Anfang eines wachsenden Interesses an Ethik.

Generell fördert es den Lernerfolg, wenn man versucht, den zu erwerbenden Lernstoff in irgendeiner Weise anzuwenden – sei es, weil er tatsächlich nützlich erscheint, sei es, weil man sich das Nutzbar-Machen probeweise zur Aufgabe stellt. In jedem Fall wird dann bezüglich des zu erwerbenden Lernstoffs das eigene Vorwissen aktiviert und so das neu Gelernte in der eigenen Wissensstruktur gut verankert.

Zusammenfassung

Betrachtet man den Erwerb eines bestimmten Lernziels für sich persönlich als nützlich, dann stellt sich in der Regel ein größerer Lernerfolg ein, als wenn man den zu erwerbenden Lernstoff für sich selbst als nutzlos betrachtet. Diesen Sachverhalt kann man sich zunutze machen, wenn es um den Erwerb eines Lehrstoffes geht, für den man sich nicht interessiert. Man kann sich dann probeweise eine Anwendung dieses Lernstoffs ausdenken.

Übungsaufgabe

Denken Sie sich ein Lernziel aus, bei dessen Erwerb Sie für sich keinen Nutzen sehen! Überlegen Sie sich zu diesem Lernziel probeweise Anwendungsmöglichkeiten!

5. Einige Formen des Verstehens

Wir haben im Kapitel 4 erläutert, warum Verstehen als individuelles Nutzbar-Machen des Gelernten den Lernerfolg steigern kann. Im Folgenden behandeln wir einige Formen des Verstehens als individuelles Nutzbar-Machen des Gelernten, nämlich:

• Verstehen als Anwenden
• Verstehen als Vergleichen
• Verstehen als Perspektivwechsel
• Verstehen als Variieren

Wir verzichten in diesem Kapitel auf die bisher am Anfang eines Abschnitts angegebenen behandelten Fragen. Es geht jeweils um eine kurze Erläuterung der angesprochenen Form des Verstehens.

5.1 Verstehen als Anwenden

Wir haben erläutert, warum Verstehen als individuelles Nutzbar-Machen des Gelernten den Lernerfolg steigern kann, und behandeln deshalb im Folgenden einige Formen eines solchen Verstehens. Dabei verstanden wir das „Nutzbar-Machen des Gelernten" als ein Anwenden im weiteren Sinne, nämlich das Heranziehen des Gelernten für eine bestimmte Aufgabenlösung. Wenn in diesem Abschnitt von „Verstehen als Anwenden" die Rede ist, dann meinen wir ein Anwenden im engeren Sinne, nämlich das unmittelbare Verwenden des Gelernten, ohne weitere Aspekte hinzuzuziehen. Was wir mit dieser Unterscheidung meinen, wird deutlich werden, wenn Sie das gesamte Kapitel 5 durchgelesen haben.

Wir meinen hier also mit Verstehen als Anwenden die unmittelbare Anwendung des Gelernten. Ein einschlägiger Fall ist das Finden von Beispielen für das Gelernte, etwa sich Anwendungsbeispiele für eine ethische Regel auszudenken. Ein solches Anwenden findet auch statt, wenn wir Handlungsanweisungen ausführen, etwa nach einem Rezept ein bestimmtes Gericht kochen.

Der Lernerfolg wird beim Verstehen als Anwenden dadurch gefördert, dass das Gelernte mit anderen Gedächtnisinhalten verknüpft und damit besser in der eigenen Wissensstruktur verankert wird.

Übungsaufgabe
Denken Sie sich einen anwendungsorientierten Lernstoff aus und versuchen Sie zu diesem verschiedene Anwendungen zu finden!

5.2 Verstehen als Vergleichen

Beim Verstehen als Vergleichen geht es darum, einen bestimmten Lerngegenstand von anderen Gegenständen zu unterscheiden. Die typische Frage, die dabei zu beantworten ist, lautet: „Worin unterscheidet sich der Lerngegenstand von einem bestimmten anderen Gegenstand aus demselben Lernthema"? Zum Beispiel: Worin unterscheidet sich:

- die ethische Regel „Was du nicht willst, das man dir tu', das füg' auch keinem andern zu!" vom „Kant'schen Imperativ",
- ein „Würfel" von einem „Zylinder",
- „Kultur" von „Zivilisation",
- „Mousse au chocolat" von „Zabaione"?

Bei solchen Vergleichen sollte man das Unterschiedliche ebenso herausarbeiten wie das Gemeinsame.

Der Lernerfolg wird beim Verstehen als Vergleichen dadurch gefördert, dass das Gelernte gegenüber anderen Gegenständen aus dem gleichen Lernthema kontrastiert wird. Dies führt zu einer genaueren Begriffsbestimmung und zu einer vielfältigeren Verankerung des Gelernten in der eigenen Wissensstruktur.

Übungsaufgabe
Versuchen Sie Verstehen als Vergleichen, wie es hier beschrieben ist, an einem eigenen Beispiel durchzuführen!

5.3 Verstehen als Perspektivwechsel

Beim Verstehen als Perspektivwechsel geht es darum, den Lerngegenstand aus einer neuen, bisher nicht eingenommenen Sichtweise zu betrachten. Typischerweise versucht man hier Antworten auf Fragen in der folgenden Form zu finden: Wie ist ein bestimmter Gegenstand oder Sachverhalt zu beurteilen, wenn er aus der Sichtweise A oder Sichtweise B betrachtet wird? Zum Beispiel: „Wie ist die Sterbehilfe aus der Sichtweise des Betroffenen, aus der Sichtweise der Angehörigen und aus der Sichtweise des Arztes zu betrachten?" Oder: „Wie ist Lernen mit Lernpartnern aus der Sichtweise der Vorteile und aus der Sichtweise der Nachteile zu beurteilen?"

Der Lernerfolg beim Verstehen als Perspektivwechsel wird dadurch gefördert, dass hier wiederum verschiedene Bezüge in der eigenen Wissensstruktur hinsichtlich des Gelernten gestiftet werden. Dadurch wird der Lernstoff stärker im Gedächtnis verankert.

Außerdem gilt oft: Etwas einseitig zu betrachten ist einfältig!

Übungsaufgabe
Versuchen Sie Verstehen als Perspektivwechsel, wie es hier beschrieben ist, an einem eigenen Beispiel zu veranschaulichen!

5.4 Verstehen als Variieren

Es gibt Lerngegenstände, bei denen man bestimmte Aspekte variieren kann. Beim Garen von Gemüse kann man variieren, ob es im Wasser oder nur im Dampf gart und wie lange es geschieht. Beim zwischenmenschlichen Verhalten kann man variieren: die Größe der Gruppe, die Vertrautheit der Gruppenteilnehmer untereinander, die wahrgenommene Strenge der Gruppennormen usw. Bei mathematischen Funktionen kann man die Anzahl der Variablen und ihre Beziehung zueinander variieren. Das Variieren ist ein wichtiger Gesichtspunkt bei der Kreativität.

Beim Verstehen als Variieren versucht man Fragen folgenden Typs zu beantworten: „Was geschieht, wenn ich bei einem bestimmten Gegenstand oder Sachverhalt diesen oder jenen Aspekt verändere?"

Der Lerngewinn beim Verstehen als Variieren besteht darin, dass ähnlich wie beim Verstehen als Perspektivwechsel bestimmte Aspekte gedanklich geändert werden, dadurch der Lerngegenstand in vielfältiger Weise betrachtet und auch so eine stärkere Vernetzung des Lerngegenstandes in der eigenen Wissensstruktur gefördert wird.

Neben den aufgeführten Varianten gibt es noch weitere Formen des Verstehens, die den Lernerfolg fördern können, weil sie helfen, die eigene Wissensstruktur zu gestalten und anzureichern. Eine in vielfältigen Varianten auftretende Form ist das Problemlösen, auf das hier nicht eingegangen werden kann, weil es den auf Kürze ausgerichteten Rahmen dieses Ratgebers sprengen würde.

Lernpsychologischer Hinweis:
Variation, Selektion und Speicherung sind Grundlagen sowohl der Entwicklung der Lebewesen (Evolution) als auch des individuellen Erwerbs von Wissen (Lernen)!

Übungsaufgabe
Versuchen Sie Verstehen als Variieren, wie es hier beschrieben ist, an einem eigenen Beispiel durchzuführen!

III. Erfolgreich Prüfungen meistern

In diesem dritten Teil „Erfolgreich Prüfungen meistern" werden folgende Ratschläge vermittelt:
- wie man seinen eigenen Lernverlauf analysieren kann;
- wie man das eigene Lernen planen kann;
- was man für die Prüfung lernen sollte;
- wie man die Zusammenstellung des Lernstoffs und die Zeitplanung für die Prüfung organisieren kann;
- wie man bei der Prüfungsvorbereitung das Gekonnte vom Nicht-Gekonnten unterscheiden kann;
- inwieweit gemeinsames Lernen bei der Prüfungsvorbereitung nutzen kann;

Nicht jeder braucht alle Ratschläge, die im Folgenden für das erfolgreiche Meistern von Prüfungen dargestellt werden. Prüfen Sie daher, welche Ratschläge für Sie nützlich sind! Manche dieser Ratschläge sind nicht nur hilfreich, wenn eine Prüfung ansteht, sondern auch wenn man einfach nur systematisch lernen möchte.

Wir benutzen in diesem dritten Teil unseres Ratgebers „Erfolgreich Prüfungen meistern" den Umgang mit Texten als Beispiel für Prüfungsvorbereitungen. Der Prüfungsstoff kann sich aber auch auf den Umgang mit Vorgehensweisen beziehen, wie z.B. ein bestimmtes Gericht kochen, eine bestimmte chemische Analyse durchführen usw. Darauf im Einzelnen einzugehen, würde hier zu weit führen. In vielen Fällen lassen sich unsere Ratschläge auf solche Vorgehensweisen übertragen, die nicht den Umgang mit Texten betreffen. Prüfen Sie es selbst!

6. Prüfungsvorbereitung

Umfangreiche Prüfungen, wie beispielsweise Prüfungen zu einem Schul- oder Studienabschluss, erscheinen häufig wie ein erschreckender Berg Kies, den man mit einer Mistgabel wegschaffen soll. In dem Maße, in dem es gelingt, die Prüfungsvorbereitung systematisch planend in den Griff zu bekommen, kann das Gefühl, diesem Berg von Anforderungen nicht gewachsen zu sein, abgebaut werden. Eine Hilfe dazu bieten die folgenden Ratschläge.

Natürlich hängt die Art der Prüfungsvorbereitung vom Fachgebiet, von der Art der Prüfung und nicht zuletzt von persönlichen Lerngewohnheiten ab. Deshalb gibt es auch hier nicht die eine optimale Strategie. In einer mehrjährigen Praxis der Studierendenberatung stellte sich jedoch eine Reihe von Ratschlägen als immer wieder nützlich heraus.

6.1 Analyse des eigenen Lernverlaufs

Die Analyse des eigenen Lernverlaufs mithilfe des Tagesarbeitsplans (TAP) hat sich bei vielen bewährt, die ihre Lernorganisation verbessern wollten oder mussten. Allerdings ist seine Anwendung recht aufwändig. Der Tagesarbeitsplan vermittelt einen Einblick in Ihre Lernorganisation in einer Detailliertheit, die Sie vermutlich bisher nicht erfahren haben. Prüfen Sie selbst, ob Sie den TAP erproben wollen. Wenn nicht, ist es trotzdem gut, die Prinzipien des TAPs zu kennen, denn die Beachtung dieser Prinzipien ist für Ihre Lernorganisation auch dann nützlich, wenn Sie nicht Ihr Lernverhalten mit dem TAP über längere Zeit protokollieren.

> **Behandelte Fragen**
> 1. Wie legt man einen Tagesarbeitsplan (TAP) zur Analyse des eigenen Lernverlaufs an?
> 2. Wie kann man die Ergebnisse der Protokollierung im Tagesarbeitsplan nutzen?

Wie legt man einen Tagesarbeitsplan (TAP) zur Analyse des eigenen Lernverlaufs an?

In den Zeilen des TAPs sind die Uhrzeiten, in den Spalten die Wochentage eingetragen (vgl. Abb. 3). Jeder Wochentag ist in Spalten unterteilt. In Spalte 1 wird das Arbeitsverhalten eingetragen, z.b. die selbstgesteuerten Tätigkeiten zur Prüfungsvorbereitung. In Spalte 2 bewertet man die Intensität dieser Tätigkeit. Bewährt hat sich der folgende Punkteschlüssel: Wenn man z.b. eine Stunde am Schreibtisch sitzt und von den 60 Minuten tatsächlich 60 Minuten bei der Sache war, erhält man 4 Punkte. War man 45 Minuten bei der Sache, erhält man 3 Punkte, bei 30 Minuten 2 Punkte, bei 15 Minuten 1 Punkt und 0 Punkte, wenn man so gut wie nicht bei der Sache war. Diese Bewertung wird unabhängig von der inhaltlichen Qualität der Lerntätigkeit gegeben. Dies ist sehr wichtig! Arbeitet man zum Beispiel eine Stunde an der Erstellung eines zusammenfassenden Lernskripts, war dabei voll bei der Sache, merkt aber, dass das Geschriebene nicht gut ist und wirft es in den Papierkorb, dann ist die Intensität dieser Tätigkeit mit 4 Punkten zu bewerten. Dass die Bewertung der Intensität der Tätigkeit nur davon abhängt, wie konzentriert man gearbeitet hat, ist von grundlegender Bedeutung: Es geht hier nur um die Bewertung der Tätigkeitsintensität! Anderenfalls würde man dazu neigen, seine Tätigkeitsintensität abzuwerten, nur weil man das Ergebnis nicht gut findet. Diese Gefahr besteht vor allem bei Personen, die kein Vertrauen in ihre Leistung haben.

In Spalte 3 trägt man ein, welchen Tätigkeiten man nachgeht, wenn man gerade nicht lernt, und in Spalte 4 bewertet man diese Tätigkeit. Diese Bewertung kann von +3 für „sehr angenehm" bis -3 für „äußerst unangenehm" erfolgen. Wurde der Tagesverlauf auf diese Weise eine Woche lang protokolliert, dann erhält man u. a. folgende wichtige Informationen:
1. Wie viel pro Tag bzw. pro Woche man gelernt hat (Spalte 1).
2. Wie intensiv man jeweils gelernt hat (Spalte 2).
3. Was man tut, wenn man nicht lernt (Spalte 3).
4. Wie man die nicht auf das Lernen bezogenen Tätigkeiten bewertet (Spalte 4).
5. Wie Lernen und andere Tätigkeiten am Tage zeitlich ineinander verschränkt sind (Vergleich von Spalte 1 und Spalte 3).

	Montag				Dienstag			
Uhrzeit	1	2	3	4	1	2	3	4
7 – 8								
8 – 9								
9 – 10								
10 – 11								
11 – 12								
12 – 13								
13 – 14								
14 – 15								
15 – 16								
23 – 24								
Summe								

Abbildung 3 : Schema des Tagesarbeitsplans (TAP) [5]

Wie kann man die Ergebnisse der Protokollierung im Tagesarbeitsplan nutzen?

Zur Beantwortung dieser Frage kommen wir auf das eingangs dargestellte Fallbeispiel (siehe Abschnitt 1.1) zurück.

In der 36. Kalenderwoche (KW) stand Anna Müller auf (Spalte 3, 7:00 Uhr bis 7:30 Uhr). Diese Tätigkeit war für sie begrenzt angenehm und wurde deshalb mit 1 (Spalte 4) bewertet. Danach frühstückte sie eine Stunde, dies war für sie recht angenehm und wurde von ihr mit 2 bewertet (Spalte 4). Danach betreute sie dreieinhalb Stunden (8:30 Uhr bis 12:00 Uhr) ihr Kleinkind Petra und machte den Haushalt; sie bewertete diesen Zeitraum als begrenzt angenehm mit 1 (Spalte 4). Von 12:00 Uhr bis 13:30 Uhr kochte sie Essen und aß zu Mittag, was für sie recht angenehm war (2 Punkte). Dann las sie von 13:30 Uhr bis 14:30 Uhr Zeitungen, das war für sie sehr angenehm (3 Punkte). Endlich um 14:30 Uhr begann sie mit dem Lernen, das bis 16:00 Uhr dauerte (eineinhalb Stunden). Die Intensität dieses Lernens bewertete sie mit 1, d.h. nur ein Viertel der Lernzeit war sie bei der Sache. Danach lernte Anna Müller an diesem Montag nicht mehr. Entsprechend trug sie unten in Spalte 1 ein, dass sie eineinhalb Stunden gelernt und dabei 1,5 Intensitätspunkte gesammelt hat (für eine ganze Stunde einen ganzen und für eine halbe Stunde die Hälfte von einem Punkt, in der Summe also 1,5 Punkte).

---

5   Ausschnitt nach der Vorlage von: Schott, 1976, S. 178.

36. KW	Montag			
Uhrzeit	1	2	3	4
7 – 8			Aufstehen, usw.	1
8 – 9			Frühstück	2
9 – 10			Petra betreuen und	
10 – 11			Haushalt	1
11 – 12				
12 – 13			Essen kochen	2
13 – 14			Mittagessen	
14 – 15			Zeitung lesen	3
15 – 16	Lernen	1		
23 – 24				
Summe	1 ½	15		

38. KW	Montag			
Uhrzeit	1	2	3	4
7 – 8			Aufstehen usw.	1
8 – 9			Frühstück	2
			Petra	3
9 – 10	Lernen	2		
10 – 11			Petra ins Bett	2
11 – 12	Lernen	2		
12 – 13			Essen kochen Mittagessen	2
13 – 14			Petra	1
14 – 15	Lernen	3		
15 – 16			Zeitung lesen	3
23 – 24				
Summe	4 ½	12½		

Abbildung 4: Ein Ausschnitt aus den Tagesarbeitsplänen von Frau Müller, links vor einer Lernberatung in der 36. Kalenderwoche (KW), rechts danach in der 38. KW

Generell lässt sich mit dem Tagesarbeitsplan beim Lernen Folgendes analysieren:

- Wann und wie lange man jeweils arbeitet (Spalte 1).
- Wie intensiv man jeweils gelernt hat (Spalte 2).
- Wie groß die Lernzeit insgesamt am Tag war (die entsprechende Summe kann man unten in Spalte 1 eintragen).
- Wie viele Intensitätspunkte man beim Lernen pro Tag insgesamt gesammelt hat. (Die Intensitätspunkte werden zur Lernzeit relativiert: Hat man zum Beispiel eineinhalb Stunden mit der Intensität 2 gearbeitet, multipliziert man 1,5 mit 2. Entsprechend sind die Punkte, wie angenehm nicht lernbezogene Tätigkeiten sind (Spalte 4), auf den dazugehörigen Zeitraum zu beziehen.)
- Wann und wie lange die jeweils nicht lernbezogene Tätigkeit war (Spalte 3).
- Wie angenehm die jeweils nicht lernbezogene Tätigkeit war (Spalte 4).
- Wie groß der gesamte Zeitraum für nicht lernbezogene Tätigkeiten am betreffenden Tag war (die Summe trägt man in Spalte 3 ein – diese Angabe ist in der Regel aber nicht notwendig).
- Wie groß die Summe der Punkte, wie angenehm die nicht lernbezogenen Tätigkeiten waren, für den betreffenden Tag ist (die Summe trägt man in Spalte 4 ein – diese Angabe ist in der Regel aber nicht notwendig).
- Inwieweit Lernzeiten und Zeiten anderer Tätigkeiten sich abwechseln (nicht empfehlenswert ist es, wenn man erst alle nicht lernbezogenen Tätigkeiten, die angenehm sind, vom Tagesbeginn an nacheinander verrich-

tet und dadurch die lernbezogenen Tätigkeiten immer weiter hinauszögert. Nützlicher ist es, wenn lernbezogene Tätigkeiten und angenehme nicht lernbezogene Tätigkeiten einander abwechseln).

Zurück zu Anna Müller. Der Ausschnitt des Tagesarbeitsplans von Anna für Montag in der 36. Kalenderwoche zeigt, dass sie den Beginn des Lernens einen halben Tag vor sich her schob (Abb. 4). Deshalb wurde ihr geraten, nach Möglichkeit Arbeitstätigkeiten und andere Tätigkeiten sich abwechseln zu lassen. Anna Müller folgte diesem Rat in der 38. Kalenderwoche (Abb. 4). Von da an konnte sie mehr Arbeitszeit für das Lernen pro Tag reservieren. Wenn in der Spalte 1 „Lernen" steht, dann bedeutet das nicht zwangsläufig, dass der betreffende Zeitabschnitt nicht unterbrochen wurde, etwa dass sie sich kurz um ihr Kind kümmern musste oder der Postbote kam. Diese Unterbrechungen konnten bei der Bewertung der Arbeitsintensität berücksichtigt werden.

Die Ergebnisse der Protokollierung im Tagesarbeitsplan kann man heranziehen, um den Verlauf von Arbeitszeit und Arbeitsintensität über eine Woche hinweg darzustellen. Dies wird in Abbildung 5 erläutert.

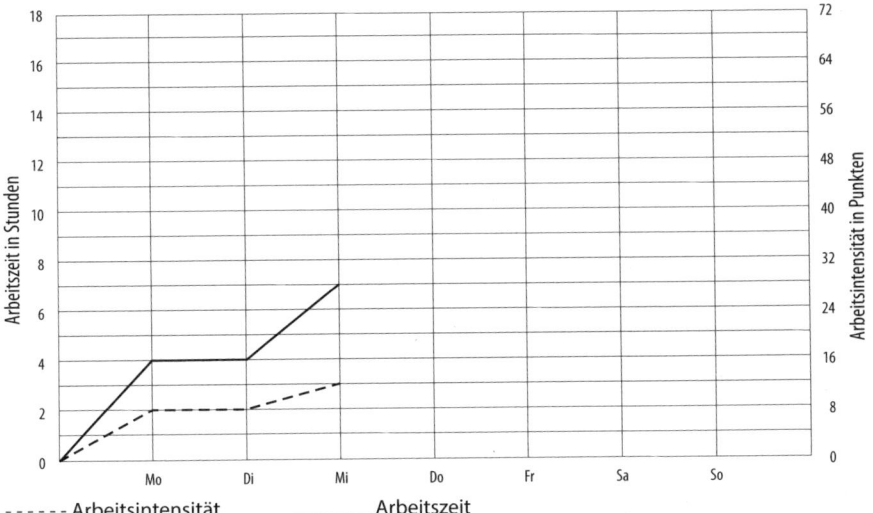

- - - - - - Arbeitsintensität   _____ Arbeitszeit

Abbildung 5[6]: Darstellung des Verlaufes von Arbeitszeit und Arbeitsintensität mit dem TAP. Im eingezeichneten Beispiel wurden am Montag 4 Stunden gearbeitet und 8 Arbeitsintensitätspunkte vergeben (also durchschnittlich 2 pro Stunde), am Dienstag wurde nicht gearbeitet, die Stunden- und Arbeitswerte bleiben auf dem Stand vom Montag. Am Mittwoch kommen 3 Stunden mit 4 Intensitätspunkten hinzu.

Man kann die Darstellung des Verlaufes von Arbeitszeit und Arbeitsintensität mit dem TAP wie folgt nutzen:

- Man sieht auf einen Blick den Verlauf von Arbeitszeit und Arbeitsintensität in einer gesamten Woche.
- Der Abstand zwischen den beiden Linien veranschaulicht die Intensität, mit der man gearbeitet hat, bei voller Intensität decken sich beide Linien.
- Man kann sich Wochenziele stecken, zum Beispiel „In einer Woche möchte ich mindestens 48 Arbeitsintensitätspunkte erreichen. Wenn ich mehr erreiche, belohne ich mich besonders."

---

6   Quelle: Schott, 1979, S. 70.

Zusammenfassung

Mithilfe des Tagesarbeitsplans kann man analysieren, wie sich Arbeitszeit und Arbeitsintensität über den Tag verteilen. Zusätzlich gibt der TAP Auskunft darüber, wie sich Lerntätigkeiten und andere Tätigkeiten zeitlich abwechseln und wie die anderen Tätigkeiten bewertet werden. Daraus kann man Schlüsse ziehen, ob andere Tätigkeiten von den Lerntätigkeiten abhalten. Eine Verlaufsanalyse der Arbeitszeiten und Arbeitsintensitäten über eine Woche hinweg gibt Aufschluss über die eigene Arbeitsorganisation und kann den Ausgangspunkt dafür bilden, seine Arbeitsorganisation zu verbessern.

Übungsaufgaben

1. Legen Sie für einige Tage einen Tagesarbeitsplan an!
2. Haben Sie Probleme bei der Protokollierung mit dem Tagesarbeitsplan? Wie können diese Probleme behoben werden?
3. Tragen Sie die Ergebnisse des Tagesarbeitsplans in eine Verlaufsgrafik für Arbeitszeit und Arbeitsintensität ein, so wie es in Abbildung 5 dargestellt ist!
4. Analysieren Sie Ihre Verlaufsgrafik für Arbeitszeiten und Arbeitsintensität entsprechend Abbildung 5: Welche Konsequenzen ziehen Sie aus dieser Analyse?

6.2 Planung des eigenen Lernens

Behandelte Fragen

1. Wie lässt sich sinnvoll das Lernen für einen Tag planen?
2. Wie lässt sich sinnvoll das Lernen für eine Woche und darüber hinaus planen?
3. Was tut man bei Nichterfüllung des Plans?

Wie lässt sich sinnvoll das Lernen für einen Tag planen?

Vielleicht haben Sie sich aufgrund der bereits geführten TAPs (vgl. Abschnitt 6.1) einen Überblick verschafft, was Sie ungefähr pro Tag leisten können und wieweit und in welchen Schritten Ihnen eine Steigerung der Arbeitszeit bisher gelungen ist. Darauf aufbauend – aber auch unabhängig davon – können Sie nun versuchen, jeweils für den folgenden Tag einen Plan zu machen. Sie sollten dabei nicht mehr vorausplanen als das, was für Sie auch einhaltbar ist. Für einen eingehaltenen Tagesplan können Sie sich, wenn Sie es für gut befinden, belohnen. Es kann auch sein, dass Sie die Einhaltung des Tagesplans an sich schon als Belohnung empfinden.

Bei der Vorausplanung teilen Sie sich am besten am Abend vorher den nächsten Tag ein (schriftlich). Sie können dazu ein TAP-Formular benutzen (ohne die Bewertung). Berücksichtigen Sie bei der Einteilung *feste Termine* (z.B. für Lehrveranstaltungen, Verabredungen oder Hobbies), und notieren Sie diese am besten zuerst. Überlegen Sie sich dann, wie viel und was Sie am nächsten Tag schaffen wollen. Legen Sie Ihre Arbeitszeit möglichst auf die Tageszeit, zu der Sie am *aufnahmefähigsten* sind.

Versuchen Sie, Ihren Tagesplan so aufzustellen, dass Sie Tätigkeiten, die Ihnen angenehm sind, möglichst nach unangenehmen Tätigkeiten einplanen. Vielleicht können Ihnen die angenehmen Tätigkeiten als positive Konsequenzen verstärkend dienen.

Wie lässt sich sinnvoll das Lernen für eine Woche und darüber hinaus planen?

Sie können das Vorausplanen auf eine Woche und darüber hinaus erweitern. Dazu ist es wichtig, dass Sie noch mehr als bei den Tagesplänen Ihre Lebensgewohnheiten berücksichtigen, sonst fällt das Einhalten des Plans zu schwer.

Lassen Sie sich nicht entmutigen, wenn Ihnen das Einhalten Ihres Wochenplanes Schwierigkeiten bereitet. Es bedarf einiger Übung, um solche Pläne sinnvoll aufzustellen und auch zu befolgen. Zu Anfang muss ein Wochenplan meist mehrfach revidiert werden, und erst die Praxis zeigt, wo er abgeändert und den individuellen Bedürfnissen angepasst werden muss.

Die Aufstellung eines Wochenplanes zur Organisation der eigenen Lerntätigkeit erscheint vielen zu technokratisch. Viele benötigen eine solche Planung nicht. Andererseits kann sie sehr hilfreich sein, wenn man sich gezielt auf eine Prüfung vorbereiten will. Manchmal ist eine solche Planung auch dazu nützlich, sich gleichsam einen Spiegel vorzuhalten: Wie weit klaffen Wunsch und Wirklichkeit auseinander?

Was tut man bei „Nichterfüllung des Plans"?

Generell gilt beim Vorausplanen:

- Planen Sie *realistisch*! Wenn Sie bei Änderungen Ihres Lernverhaltens in zu großen Schritten vorgehen und diese nicht einhalten können, erreichen Sie keine positiven Konsequenzen für das Lernen, und damit ist der Erfolg des gesamten Programms in Frage gestellt.
- Sollten Sie Ihren Tagesplan einmal *nicht einhalten* können, versuchen Sie, die versäumten Arbeitsstunden in den folgenden Tagen nachzuholen oder am Wochenende aufzuarbeiten. Auf keinen Fall sollten Sie jedoch bei Arbeitsunlust sofort aufhören zu arbeiten (unter dem Vorwand, es morgen nachzuholen). Zwingen Sie sich, noch ein bisschen weiterzumachen, bevor Sie aufhören, sonst belohnen Sie sich für das Versagen.
- Entsprechendes gilt, wenn Sie Ihren Wochenplan nicht eingehalten haben. Analysieren Sie, woran es gelegen hat! Haben Sie realistisch geplant? War Ihre Zeiteinteilung zielführend? Was können Sie ändern, um Ihre Lernziele zu erreichen? Können die Lernziele auf ein realistisches Ausmaß reduziert werden?

Zusammenfassung

Eine Vorausplanung des nächsten Tages oder der nächsten Woche(n) kann in manchen Situationen äußerst hilfreich sein, insbesondere bei längerfristigen Prüfungsvorbereitungen. Darüber hinaus kann der Vergleich des Geplanten mit dem tatsächlich Eingetroffenen helfen zu analysieren, wofür man seine Zeit verwendet hat und was man gegebenenfalls ändern könnte.

Übungsaufgaben

1. Planen Sie, wie beschrieben, den nächsten Tag schriftlich im Voraus!
2. Welche Erfahrungen haben Sie gemacht, wenn Sie einen Tag im Voraus planen?
3. Wenn der Tag vorüber ist, vergleichen Sie Ihren Tagesplan mit dem, was Sie tatsächlich gemacht haben! Welche Erfahrungen haben Sie bei diesem Vergleich gemacht?
4. Planen Sie, wie beschrieben, die nächste Woche im Voraus!
5. Welche Erfahrungen haben Sie gemacht, wenn sie die nächste Woche im Voraus planen?

6. Wenn die Woche vorüber ist, vergleichen Sie Ihren Wochenplan mit dem, was Sie tatsächlich gemacht haben! Welche Erfahrungen haben Sie bei diesem Vergleich gesammelt?

6.3 Was soll man für die Prüfung lernen?

Will man sich auf eine umfangreiche Prüfung vorbereiten, dann ist es nützlich, planmäßig vorzugehen. Dies betrifft einerseits Überlegungen, welche Lernstoffe für die Prüfung wirklich wichtig sind, und andererseits eine Verteilung des Lernstoffs über die zur Verfügung stehende Vorbereitungszeit für die Prüfung. Beides wollen wir nun näher betrachten.

Behandelte Fragen
1. Wie kann man wichtigen von weniger wichtigem Prüfungsstoff unterscheiden?
2. Welche Rolle spielt der Prüfer bei der Aufbereitung des Prüfungsstoffes?

Wie kann man wichtigen von weniger wichtigem Prüfungsstoff unterscheiden?

Was soll man für eine Prüfung lernen? Auf den ersten Blick erscheint diese Frage überflüssig. Die Themen der einzelnen Prüfungen liegen fest, häufig sind Literaturlisten zu den Prüfungsthemen vorhanden. Tatsächlich kann es aber von entscheidender Wichtigkeit sein, auf die Beantwortung welcher Fragen man sich konzentriert. Ein Prüfungsthema lässt sich beliebig ausweiten. Bei vorgegebenen Literaturlisten ist es unmöglich, sich den Inhalt aller angegebenen Texte Satz für Satz zu merken. Was sollen Sie also lernen?

Zur Beantwortung dieser Frage ist es nützlich, sich einmal in die Person des Prüfers hinein zu versetzen. Er hat zu bewerten, ob und wie gut der Prüfling ein bestimmtes Fachgebiet beherrscht. Um zu einem Urteil zu gelangen, stellt der Prüfer Fragen. Das Nicht-beantworten-Können einer Frage wiegt unterschiedlich schwer.

Zum einen gibt es Fragen, die von grundlegender Bedeutung für das Fachgebiet sind. Nennen wir sie hier *Kardinalfragen*. Kann man eine solche Frage nicht beantworten, wird der Prüfer den Eindruck gewinnen, dass man elementare Sachverhalte des Prüfungsgebietes nicht kennt und erhebliche Lücken hat. Solche Fragen betreffen etwa wichtige Definitionen und grundlegende Fakten.

Neben diesen relativ wenigen Kardinalfragen wird es eine größere Anzahl anderer wichtiger Fragen geben. Sie sollen hier *Hauptfragen* heißen. Diese betreffen bedeutsame Fakten, Sachverhalte und Zusammenhänge, die man eigentlich wissen sollte. Kann man eine solche Hauptfrage nicht beantworten, wird dies der Prüfer sehr wohl berücksichtigen. Dennoch wird man in der Regel nicht durchfallen, wenn man eine oder zwei dieser Hauptfragen nicht beantworten kann.

Schließlich gibt es eine Menge von möglichen Fragen zu einem Gebiet, deren Beantwortung durchaus von Vorteil ist, deren Nicht-beantworten-Können aber wenig ins Gewicht fällt. Diese Fragen wollen wir *Nebenfragen* nennen.

Optimal ist es natürlich, wenn man alle möglichen Prüfungsfragen richtig beantworten kann. Bei den meisten Prüfungsvorbereitungen dürfte dieses Ziel aber auch für den Klügsten und Fleißigsten nicht erreichbar sein. Wenn das so ist, dann gilt es, die vorhandene Vorbereitungszeit so gut zu nutzen, dass die Chancen einer erfolgreichen Prüfung möglichst hoch sind. Dies bedeutet praktisch, man sollte möglichst alle Kardinalfragen und möglichst viele Hauptfragen beantworten können. Nebenfragen sind von untergeordneter Bedeutung.

Welche Rolle spielt der Prüfer bei der Aufbereitung des Prüfungsstoffes?

Wie findet man die *Kardinalfragen* und *Hauptfragen* eines Prüfungsstoffes heraus? Am besten versetzt man sich selbst in die Rolle des Prüfers und überlegt, was man einen Prüfling fragen würde, um herauszufinden, wie gut er den Prüfungsstoff beherrscht. Manche Prüfer haben Vorlieben für bestimmte Themen. Diese ermittelt man, wenn man deren Lehrveranstaltungen besucht und erkundet, welche Fragen der Prüfer bisher in den Prüfungen gestellt hat. Aber Vorsicht mit Listen von bereits gestellten Prüfungsfragen! Sie verführen zum mechanischen Auswendiglernen richtiger Antworten. Mit derart eingepauktem Wissen läuft man Gefahr, auf diese Fragen fixiert und hilflos zu sein, wenn plötzlich etwas anderes gefragt wird. Auch verhindert man so, dass man sich aktiv im Sinne der

5-Schritte-Methode mit dem Stoff auseinandersetzt. Besser ist es, zu überlegen, unter welchem Aspekt der Prüfer den Stoff betrachtet, wenn er bestimmte Fragen bevorzugt. Man kann schließlich versuchen, seine Hypothesen über die Sichtweise des Prüfers zu testen, indem man ihm in seiner Sprechstunde geeignete Fragen zum Prüfungsstoff stellt. Auch wenn man die Erforschung des Prüfers nicht so weit treiben möchte, ist ein rechtzeitiger Besuch seiner Sprechstunde meist von großem Nutzen. Die Frage, was man in der Prüfung zu erwarten hat, wird den Prüfern von den Prüflingen viel zu selten gestellt. Dabei zeigt doch gerade diese Frage, dass man die Prüfungsvorbereitung ernst nimmt.

Bei schriftlichen Prüfungen kann man ebenfalls mögliche Fragen und ihre Gewichtung bei der Bewertung gedanklich vorwegnehmen. Bei sehr vielen Fragen lässt es sich allein aus dem Stoff heraus entscheiden, ob sie wichtig sind. Wer die wichtigsten Fragen zu einem Sachgebiet stellen und beantworten kann, hat dieses Sachgebiet verstanden, und zwar auch dann, wenn er nicht alles darüber weiß.

Zusammenfassung

Bei der Vorbereitung auf eine Prüfung ist es nützlich, sich auf die Teile des Prüfungsstoffes zu konzentrieren, die für das Bestehen der Prüfung besonders wichtig sind. Als Hilfe bietet sich dazu an, den Prüfungsstoff in verschiedene wichtige Fragen aufzuteilen:

- Kardinalfragen, die man auf jeden Fall beantworten können sollte,
- Hauptfragen, die wichtig sind für ein gutes Prüfungsergebnis, und
- Nebenfragen, deren Beantwortung nicht entscheidend für das Bestehen der Prüfung sind.

Übungen

1. Wählen Sie einen für Sie wichtigen Prüfungsstoff und versuchen Sie, dazu Kardinalfragen, Hauptfragen und Nebenfragen zu formulieren!
2. Analysieren Sie, wie Sie vorgegangen sind, um den gewählten Prüfungsstoff in Kardinalfragen, Hauptfragen und Nebenfragen zu zerlegen! Gab es dabei Probleme, und wie können diese gegebenenfalls gelöst werden?

6.4 Zusammenstellen des Lernstoffs und Zeitplanung für die Prüfung

Behandelte Fragen

1. Wozu ist es nützlich, die Vorbereitung auf eine Prüfung in die zwei Phasen ‚Aufbereitung des Lernstoffs' und ‚Lernphase' aufzuteilen?
2. Wie kann man den Lernstoff über die zur Verfügung stehende Prüfungsvorbereitungszeit verteilen?
3. Wie kann man seine eigene Arbeitskapazität bei der Vorbereitung zur Prüfung testen und daraus Konsequenzen ziehen?
4. Wie kann man seinen Lernfortschritt kontrollieren?

Wozu ist es nützlich, die Vorbereitung auf eine Prüfung in die zwei Phasen ‚Aufbereitung des Lernstoffs' und ‚Lernphase' aufzuteilen?

Es hat sich oft als zweckmäßig erwiesen, die Vorbereitungszeit in zwei Phasen einzuteilen:

1. Aufbereitung des Lernstoffes
2. Lernphase

In der ersten Phase sammelt man, wie oben beschrieben, die Kardinalfragen und die Hauptfragen zum Prüfungsstoff mit ihren dazugehörigen Antworten. Sofern man Zeit hat, kann man zusätzlich noch Nebenfragen bearbeiten. In der zweiten Phase lernt man das richtige Beantworten der gesammelten Fragen. Die erste Phase nimmt viel mehr Zeit in Anspruch als die zweite. Geht man zum Beispiel von sechs Wochen Vorbereitungszeit aus, dann sollte die zweite Phase zwei Wochen oder weniger beanspruchen. Von bloßem Faktenwissen abgesehen, lernt man das meiste bereits während der Aufbereitung des Lernstoffes. Wie man bei der Prüfungsplanung zweckmäßig vorgehen kann, möchten die folgenden Punkte erläutern.

Wie kann man den Lernstoff über die zur Verfügung stehende Prüfungsvorbereitungszeit verteilen?

Man nimmt einen Kalender, bei dem jeder Tag eine Zeile hat (oder man bastelt sich selbst einen). Zunächst trägt man die zweite Phase, die Lernphase vor der Prüfung, ein. Über die verbleibenden Tage bis zum Beginn der Lernphase verteilt man für die erste Phase (Aufbereitung des Lernstoffs) alle für die Prüfung zu bearbeitenden Texte. Dies soll so genau geschehen, dass

für jeden Tag eindeutig erkennbar ist, was und wie viel man bearbeiten will.
Das könnte zum Beispiel so aussehen:

Montag, 3. April:	Buch X,	Kapitel I und II,	Seiten 1-28;
Dienstag, 4. April:	Buch X,	Kapitel III-V,	Seiten 29-60;
Mittwoch, 5. April:	Buch X,	Kapitel VI-VIII,	Seiten 61,-98;
Donnerstag, 6. April:	Buch Y,	Abschnitt 1-3,	Seiten 1-25;

und so weiter …

Wozu dieser Aufwand? Erstens erhält man so einen Überblick über den gesamten zu bearbeitenden Stoff. Noch wichtiger aber ist der folgende Punkt:

**Wie kann man seine eigene Arbeitskapazität bei der Vorbereitung zur
Prüfung testen und daraus Konsequenzen ziehen?**

Beginnt man nach dem oben beschriebenen Zeitplan, den Lernstoff in verschiedene wichtige Prüfungsfragen aufzubereiten, dann wird man in der Regel bemerken, dass man sich zu viel vorgenommen hat. Man bemerkt es aber
eben nur dann rechtzeitig, wenn man vorher eine Zeitkalkulation durchgeführt hat, die so ausführlich wie oben beschrieben ist. Nun kann man noch
rechtzeitig Konsequenzen aus dem Test der eigenen Arbeitskapazität ziehen.
Dabei gibt es zwei Möglichkeiten:
- Man streicht bestimmte Texte von der vorgegebenen Prüfungsliteratur.
- Man beschränkt sich auf das Herausarbeiten der Kardinalfragen und der
  wichtigsten Hauptfragen. Und zwar beschränkt man sich in dem Maße, in
  dem die Zeit knapp ist. Die entsprechend revidierte Zeitkalkulation legt
  man wieder so genau wie oben erläutert an.

Bei der weiteren Prüfungsvorbereitung kann man wieder testen, ob man seine Arbeitskapazität richtig eingeschätzt hat, und gegebenenfalls weitere Konsequenzen aus diesem Test ziehen. Gelingt es nicht, regelmäßig und konzentriert zu arbeiten, dann sollte man dazu die bereits erläuterten Hinweise
dieses Buches zu Rate ziehen.

Wie kann man seinen Lernfortschritt kontrollieren?

Bei der Kontrolle seines Lernfortschritts geht es darum, zu überprüfen,
was man schon weiß bzw. was man sich noch besser aneignen muss. Frage-Antwort-Karten sind dazu ein geeignetes Mittel; aber auch andere Vor-

gehensweisen kommen in Frage. Wichtig ist, dass man das Gekonnte vom Nicht-Gekonnten unterscheidet, so dass man sich bei dem weiteren Lernen auf das Nicht-Gekonnte konzentrieren kann.

Wählt man die Methode der Frage-Antwort-Karten, dann fertigt man sich Karteikarten mit den Kardinalfragen und den wichtigsten Hauptfragen auf einer Seite und den entsprechenden Antworten auf der anderen Seite an. Die Vorteile dieser Vorgehensweise werden im folgenden Abschnitt: „Das Gekonnte vom Nicht-Gekonnten unterscheiden" beschrieben.

Vielleicht möchten Sie sich nicht so genau an die eben ausgeführten Punkte und die folgenden Ratschläge halten. Möglicherweise kommen Sie trotzdem mit der Prüfungsvorbereitung gut zurecht. Klappt es aber nicht, dann sollten Sie sich an die hier vorgeschlagenen Maßnahmen umso strenger halten, je mehr Sie ohne diese Maßnahmen „ins Schleudern geraten" sind.

Zusammenfassung

Bei der Zusammenstellung des Lernstoffs und der Zeitplanung für eine Prüfung ist es zunächst nützlich, den Lernstoff über die zur Verfügung stehende Vorbereitungszeit für die Prüfung aufzuteilen, dann zu testen, ob diese Aufteilung realistisch war, und gegebenenfalls Konsequenzen zu ziehen. Darüber hinaus sollte man den eigenen Lernfortschritt kontrollieren, und zwar in einer Weise, dass man das Gekonnte vom Nicht-Gekonnten unterscheidet und sich bei der weiteren Prüfungsvorbereitung nur auf das Nicht-Gekonnte konzentrieren kann.

Übungsaufgaben

(für diejenigen, die sich gerade auf eine umfangreiche Prüfung vorbereiten müssen, oder diejenigen, die das in diesem Abschnitt Beschriebene ausprobieren wollen)

1. Verteilen Sie einen umfangreichen Lernstoff für eine Prüfung auf die zur Verfügung stehende Prüfungsvorbereitungszeit!
2. Testen Sie Ihre eigene Arbeitskapazität bei der Vorbereitung zur Prüfung und ziehen Sie daraus Konsequenzen!
3. Überlegen Sie, wie Sie Ihren Lernfortschritt bei der Prüfungsvorbereitung kontrollieren!

6.5 Das Gekonnte vom Nicht-Gekonnten unterscheiden

Behandelte Frage

Worin bestehen die Vorteile, während der Prüfungsvorbereitung das Gekonnte vom Nicht-Gekonnten zu unterscheiden?

In der Lernphase können Sie die Vorteile der Frage-Antwort-Karten nutzen (eine entsprechende Vorgehensweise können Sie auch auf einem Computer einrichten, dann sollten die Antworten nicht sofort ersichtlich neben den Fragen stehen):

1. Sie haben die wesentlichen Punkte des Stoffgebietes nach aktiver Verarbeitung der betreffenden Themen buchstäblich „zur Hand".

2. Sie können das Gekonnte vom Nicht-Gekonnten scheiden. Sie stellen sich die Frage der Vorderseite einer Karteikarte und formulieren dazu (wenn es darauf ankommt, auch schriftlich) die Antwort. Danach drehen Sie die Karte um und prüfen, ob Sie richtig geantwortet haben. Alle Karten, deren Fragen Sie richtig beantwortet haben, können Sie aussortieren. Während Sie beim Wiederholen anhand eines Skriptes Gekonntes wie Nicht-Gekonntes gleichermaßen nochmals aufnähmen, beschäftigen Sie sich bei den Karten nur noch mit Nicht-Gekonntem. Der Vorteil der hier beschriebenen Methode wird gemindert, wenn eine Antwort aus vielen Teilen besteht. Sind zum Beispiel als Ursachen für den Ausbruch des Ersten Weltkriegs außenpolitische, innenpolitische, wirtschaftspolitische und gesellschaftspolitische Gründe zu nennen, und man weiß alle Gründe außer einem, dann muss man die Karte dennoch zum Stoß der Nicht-Gekonnten legen. Sind diese Teilfragen sehr wichtig, dann ist es zweckmäßig, für jede Teilfrage eine einzelne Karte anzulegen.

3. Man kann Positionseffekte beim Lernen (das heißt zum Beispiel, dass man etwas nur in der Reihenfolge wiedergeben kann, in der man es gelernt hat) vermeiden, indem man die Karten vor jedem neuen Abfragen mischt. Wiederholt man mit einem Skript, besteht die Gefahr solcher Positionseffekte („das Gefragte steht doch rechts oben über der Abbildung von Kaiser Wilhelm").

4. Man kann sich einen Stoß Karten nehmen und in fast allen Lebenslagen lernen, zum Beispiel im Freibad, im Bett, im Zug.

5. Man kann sich von jemandem abfragen lassen, da die Fragen mit den dazugehörigen Antworten schon auf den Karten formuliert sind.

Trotz aller genannten Vorteile – ertrinkt man nicht in einer Riesenmasse von Karteikarten? In der Regel ist es nützlich, sich bei der Anfertigung von Karten im Zweifelsfall auf die wichtigen Fragen zu beschränken. Je mehr Karten man zu einem Themengebiet herstellt, umso mehr rekonstruiert man den Ausgangstext in allen seinen Einzelheiten.

Sind diese Einzelheiten für die Prüfung nicht sehr wichtig, dann sollte man sie auch nicht auf Karten bringen. Jede weniger wichtige Frage braucht für das Bearbeiten und Lernen oft die gleiche Zeit wie eine wichtige Frage. Entsprechend mindert das Bearbeiten von Nebenfragen die Erfolgsaussichten bei der Prüfung – es sei denn, man hat schon alle Kardinalfragen und Hauptfragen bearbeitet und gelernt.

Zusammenfassung
Bei einer Prüfungsvorbereitung ist es wichtig, den eigenen Lernerfolg zu kontrollieren und das Gekonnte vom Nicht-Gekonnten zu unterscheiden, damit man sich in der verbleibenden Vorbereitungszeit für die Prüfung auf das Nicht-Gekonnte konzentrieren kann.

Übungsaufgaben
1. Schildern Sie kurz, wie sie bei einer Prüfungsvorbereitung Ihren Lernerfolg kontrollieren!
2. Schildern Sie kurz, wie sie bei einer Prüfungsvorbereitung das Gekonnte von dem Nicht-Gekonnten unterscheiden!

6.6 Gemeinsam Lernen

Wie schon einmal angesprochen, ist es oft sehr nützlich, gemeinsam zu lernen. Dies betrifft besonders Prüfungsvorbereitungen. Man ist sozusagen in einer Schicksalsgemeinschaft und kann sich gegenseitig motivieren. Die Vorteile und Nachteile des gemeinsamen Lernens wurden bereits in Abschnitt 3.6 Gemeinsam Lernen erläutert.

Übung
Welche Vorteile und Nachteile sehen Sie in einer gemeinsamen Prüfungsvorbereitung?

6.7 Umgang mit Prüfungsstress

Behandelte Fragen
1. Welche Mittel gegen Prüfungsangst haben sich bewährt?
2. Wie sollte man sich kurz vor der Prüfung verhalten?

Welche Mittel gegen Prüfungsangst haben sich bewährt?

Psychologisch sind es vor allem zwei Ursachen, die eine Prüfung zu einem angsterregenden Ereignis machen können:
1. Die Prüfung ist eine seltene und damit ungewohnte und unberechenbar erscheinende Situation. Solche Situationen rufen leicht Angst hervor.
2. In einer Prüfung wird man bewertet. Selbstwertgefühl und die Anerkennung seitens anderer scheinen auf dem Spiel zu stehen.

Die erste Ursache für Prüfungsangst, dass die Prüfung als ungewohnte und unberechenbar erscheinende Situation beunruhigt, lässt sich leichter bekämpfen als die zweite Ursache. Zunächst kann man versuchen, alle erhältlichen wichtigen Informationen über die Prüfung oder den Prüfer einzuholen. Weiterhin kann man sein Verhaltensrepertoire für Prüfungen erweitern, indem man die Prüfung probt. Vor einer schriftlichen Prüfung bearbeitet man mindestens einmal mögliche Prüfungsaufgaben in derselben Anzahl und mit derselben Zeitbegrenzung wie im Ernstfall. Danach fragt man sich:
- Wie bin ich vorgegangen?
- Was kann ich an meinem Vorgehen noch verbessern?

Die Verbesserungsmöglichkeiten erprobt man am besten in einem weiteren simulierten Ernstfall. Die Art, wie man bei einer Prüfung vorgeht, kann für den Erfolg ebenso wichtig sein wie das fachliche Wissen und Können. Dies gilt ebenso für mündliche Prüfungen. Als eine Faustregel hat sich Folgendes bewährt:

Ein effektives Verhalten in mündlichen Prüfungen ist dadurch gekennzeichnet, dass man alles tut, um es dem Prüfer leicht zu machen. Die meisten Lehrenden prüfen ungern und nehmen den Prüfling als Einzelperson viel weniger wichtig, als dieser meint. Prüfungen werden vom Prüfer häufig als unangenehme, wenn auch notwendige Pflicht empfunden. Stellt der Prüfer eine Frage und der Prüfling sitzt stumm da wie ein von der Schlange hypnotisiertes Kaninchen, kann diese Situation von dem Prüfer als sehr belastend empfunden werden: Eine bedrückende Atmosphäre breitet sich aus; der Prüfer weiß nicht, was mit dem Prüfling los ist. Außerdem muss er sich eine neue Frage überlegen. Die Situation entspannt sich, wenn der Prüfling sagt: „Ich weiß es nicht" oder „Ich muss mir das noch einen Moment überlegen". Häufig, wenn man eine Frage nicht beantworten kann, ist es nicht so, dass man überhaupt nichts dazu sagen könnte. Dann kann man etwa sagen: „Ich kann die Frage nicht genau beantworten. Mir fällt aber Folgendes dazu ein: …" Manchmal hat man eine Frage nicht richtig verstanden und kann um eine Wiederholung bitten oder sagen: „Habe ich Sie recht verstanden, dass Sie mit der Frage … dies … meinen?"

Ein solches effektives Prüfungsverhalten kann man leicht trainieren. Man bittet einen Bekannten, möglichst einen, der sich auch auf die Prüfung vorbereitet, die Rolle des Prüfers zu übernehmen. Danach tauscht man die Rollen. Bei diesen simulierten Prüfungen sind die Frage-Antwort-Karten eine sehr große Hilfe. Sie sorgen dafür, dass der Prüfungsstoff nicht ausgeht, dass die Antworten gleich auf ihre Richtigkeit geprüft werden können und dass auch eine Person, die sich nicht selbst auf die fragliche Prüfung vorbereitet, die Rolle des Prüfers übernehmen kann. Sehr wichtig ist, dass man als Prüfling in dieser simulierten Prüfung tatsächlich versucht, sich optimal zu verhalten und die Simulation ernst nimmt. Wenn man zum Beispiel die Antwort zu einer Frage nicht genau weiß, sollte man nicht aus der simulierten Prüfungssituation herausgehen, indem man etwa sagt: „Weiß ich nicht, komm, zeig' mal, welche Antwort auf der Rückseite steht!" Vielmehr sollte man versuchen, eine Antwort, so gut man eben kann, zu formulieren.

Das selbständige verbale Formulieren wird in seiner Bedeutung immer wieder unterschätzt. Fragt man sich selbst ab, denkt man häufig schnell: „Klar, weiß ich!" und geht zur nächsten Frage über. Hätte man die Antwort wie in einer echten Prüfung ausformuliert, würde man vielleicht bemerkt haben, dass man doch gar nicht alles zu der Frage weiß. Derjenige, der die Rolle des Prüfers spielt, gibt dem Prüfling laufend Rückmeldung darüber, wie sein Prüfungsverhalten wirkt. Hat man Verbesserungsmöglichkeiten gefunden, dann sollte man diese unbedingt praktisch ausprobieren. Man sollte sich dabei nicht scheuen, eine verbesserte Formulierungsvariante nochmals als Ganzes auszusprechen. Effektive Verhaltensweisen, die man in der simulierten Prüfungssituation gut ausführen konnte, wird man im Ernstfall auch anwenden können.

Übt man das Prüfungsverhalten in dieser Weise, so hat man einen doppelten Gewinn:

1. Man erweitert so sein Verhaltensrepertoire für Prüfungen und verliert dadurch das Gefühl, in der Prüfung völlig ausgeliefert zu sein.
2. Man fragt sich den Prüfungsstoff ab und übt ihn dabei.

Ob die zweite genannte Ursache von Prüfungsangst, die Bewertung der eigenen Person, sehr von Bedeutung ist, hängt insbesondere davon ab, inwieweit man sich selbst mag. Mag man sich, dann hat man in verschiedenen Lebensbereichen Bedürfnisse, die man auch befriedigen kann: Wenn es an einer Stelle, zum Beispiel bei einer Prüfung, einmal nicht klappen sollte, dann wird das Selbstwertgefühl nicht nachhaltig bedroht; es gibt ja noch genug andere Dinge, die Freude machen und die man wahrnehmen kann. Man ist dann auch nicht völlig von der Anerkennung anderer abhängig. Entsprechend sollte man nicht versuchen, während der Vorbereitungszeit auf Prüfungen sein Augenmerk wie mit Scheuklappen nur auf die bevorstehende Prüfung und auf die damit verbundenen Vorbereitungen zu richten. Vielmehr empfiehlt es sich gerade in dieser Zeit der erhöhten Anforderungen, die verbleibende Freizeit besonders intensiv zu nutzen. Dabei ist weniger die Dauer als die Intensität entscheidend. Man möchte ja auf andere Gedanken kommen – Freunde treffen, ins Kino gehen, Karten spielen, tanzen gehen selbst musizieren – das können Beispiele für solche intensiven Freizeitbeschäftigungen sein.

Erschwerend kann es sein, wenn man einen möglichen Misserfolg gedanklich vorwegnimmt. Die Gedanken fixieren sich dann auf das bedrohliche Ereignis, das man sich vielleicht noch in allen Einzelheiten und mit allen Konsequenzen ausmalt. Konzentriertes Arbeiten ist dann kaum bzw. gar nicht mehr möglich, und die Erwartung eines Misserfolgs kann als sich selbst erfüllende Prophezeiung wirken. Daher ist es ratsam, bereits beim ersten Anflug solcher Gedanken diese missliche Gedankenkette abrupt zu unterbrechen, indem man sich selbst dazu den Befehl gibt, etwa: „Stopp, nicht schwarz sehen!"

Für den Fall, dass Sie trotz der hier vorgeschlagenen Maßnahmen unter starker Prüfungsangst leiden, sollten Sie sich nicht scheuen, eine psychologisch fundierte Beratung aufzusuchen. Wenn Sie während der Prüfungsvorbereitung hohes Fieber bekommen, würden Sie doch auch einen entsprechenden Fachmann aufsuchen, oder etwa nicht?

Wie sollte man sich kurz vor der Prüfung verhalten?

Viele Lernende, die durch Prüfungen gefallen sind, hatten bis ganz kurz vor Beginn der Prüfung gelernt und sich dadurch „völlig verrückt" gemacht. Das sollten Sie vermeiden! Hören Sie bei wichtigen Prüfungen spätestens am späten Nachmittag des Vortags vor der Prüfung mit dem Lernen auf und verbieten Sie sich streng jedes Nachforschen, ob Sie nun diese oder jene Frage tatsächlich noch beantworten können. Für die Prüfung ist ein klarer Kopf wichtiger als ein unablässiges nervenaufreibendes Testen, ob Sie dieses oder jenes noch gedanklich parat haben.

Zusammenfassung

Welche Mittel gegen Prüfungsangst wirksam sind, hängt von der Person und ihrer Situation ab. Eine Prüfungssituation kann ihren furchterregenden Charakter dadurch verlieren, dass man sich überlegt, was man tun kann, um sich in der Prüfungssituation nicht total ausgeliefert zu fühlen. Nützlich ist dabei, mit anderen, die sich auf dieselbe Prüfung vorbereiten, die Prüfungssituation zu simulieren. Für manche Prüflinge stehen Selbstwertgefühl und Anerkennung seitens anderer auf dem Spiel. Daher ist es sinnvoll, während der Vorbereitung auch Tätigkeiten auszuüben, die für das eigene Selbstwertgefühl wichtig sind.

Kurz vor der Prüfung sollte man sich anderen Dingen als der Prüfungsvorbereitung widmen, um den nötigen Abstand zum Prüfungsstoff zu gewinnen.

Übungsaufgaben

1. Geben Sie kurz an, welche der oben vorgeschlagenen Vorkehrungen gegen Prüfungsangst für Sie nützlich sind!
2. Welche Vorkehrungen gegen Prüfungsangst würden Sie noch hinzufügen?

IV. … und sich dabei gut fühlen

Lernen ist nicht immer angenehm – besonders wenn man es muss!

Aber deshalb sollte man sich das Leben nicht vermiesen lassen. Aus diesem Grunde schließen wir diesen Ratgeber mit einigen Hinweisen ab, was man tun kann, damit man sich beim Lernen, beim Verstehen und bei der Vorbereitung für Prüfungen wohl fühlen kann.

7. Lernschwierigkeiten – und was man dagegen tun kann

Im Folgenden haben wir einige häufig auftretende Lernschwierigkeiten und Möglichkeiten, was man dagegen tun kann, kurz tabellarisch aufgelistet. Die Zahlen in Klammern verweisen auf Abschnitte in diesem Ratgeber, in der das Angesprochene behandelt wird. Haben Sie zu dieser Tabelle noch weitere Vorschläge?

LERNSCHWIERIGKEIT	WAS MAN DAGEGEN TUN KANN
Der Lernstoff ist zu umfangreich	• die 5-Schritte-Methode verwenden (3.3) • sich auf das Wichtigste konzentrieren (6.4–6.5)
der Lernstoff interessiert einen nicht	• versuchen, Interesse für den Lernstoff aufzubauen (3.3, 3.5, 4)
der Lernstoff ist unverständlich	• einen Lernpartner oder Experten fragen • im Internet recherchieren
das Lernen ist ermüdend	• Erholungspausen zwischen den Lernphasen einlegen (1.1) • versuchen, das Interesse am Lernstoff zu steigern (6) • die eigene Leistungs- und Energiekurve beachten (6.2)
man kommt nicht zum Lernen	• einen Tagesplan und Wochenplan für das Lernen aufstellen (1.1, 6.4)
die Angst vorm Versagen hemmt beim Lernen	• die 5-Schritte-Methode verwenden (3.3) • sich mit einer vertrauten Person aussprechen • ggf. eine psychologische Beratung aufsuchen

man findet keinen geeigneten Lernpartner	• beim Abfragen und Nachstellen einer Prüfungssituation können mit den Frage-Antwort-Karten auch freiwillige Laien hilfreich sein • problematische, ungelöste inhaltliche Fragen sammeln und dem Prüfer in der Sprechstunde stellen
man gerät bei der Prüfungsvorbereitung unter Zeitdruck	• Versuchen, sich auf die wichtigsten Prüfungsinhalte zu konzentrieren (6.3) • prüfen, ob es möglich ist, die Prüfung zu verschieben
man wird seinen Erwartungen nicht gerecht	• gibt es andere Tätigkeiten/Lebensbereiche, in denen man mit sich zufrieden ist? (6.7) • welche Ursachen haben diese Erwartungen? Erzeugen die Erwartungen Leidensdruck? • Mit vertrauter Person darüber sprechen, ggf. eine psychologische Beratung aufsuchen
man wird den Erwartungen anderer nicht gerecht	• welche Ursachen haben diese Erwartungen? Erzeugen die Erwartungen Leidensdruck? • Mit vertrauter Person darüber sprechen, ggf. eine psychologische Beratung aufsuchen

8. Was macht gutes Leben aus – wenn man lernen, verstehen und sich prüfen lassen muss?

Wir alle wollen ein gutes, lebenswertes Leben. Dafür allgemeine Ratschläge zu geben, ist aber nicht die Aufgabe dieses Ratgebers.

Wir können jedoch ein paar Hinweise dazu geben, was man für ein eigenes gutes Leben tun kann, wenn man lernen, verstehen und sich prüfen lassen muss.

Damit wir uns wohl fühlen, ist es notwendig, dass wir uns mögen und achten. Was sind Quellen dieser notwendigen Selbstachtung? Quellen sind unter anderem:

1. Was wir können,
2. was uns Freude macht,
3. ob uns Menschen schätzen, die uns wichtig sind.

Diese Quellen des Sich-gut-Fühlens sind auch bedeutsam, wenn wir lernen, wenn wir verstehen und wenn wir uns auf Prüfungen vorbereiten müssen.

Was wir können

Wir können vieles mehr oder weniger gut. Von entscheidender Bedeutung ist unsere Selbsteinschätzung dazu.

> Peter ist froh, dass er sich im Schulfach Physik auf der Note 3 halten kann. Andere Betätigungsfelder sind ihm wichtiger und gewährleisten, dass er sich insgesamt wohl fühlt.
>
> Claudia hingegen möchte super gut in Physik sein – möglichst ein kleiner Einstein. Wenn sie in einer Physikprüfung nur die Note 2 bekommt, dann ist es für sie eine Katastrophe, es sollte doch immer eine 1 sein. Sie ist untröstlich. Claudia fehlen alternative Betätigungsfelder zur Physik, die ihr Selbstwertgefühl stärken und die es erträglich machen, wenn es in Physik einmal nicht so gut läuft.

Verallgemeinernd lässt sich festhalten: Auch beim Lernen können wir Misserfolge besser verkraften, wenn wir Alternativen haben, die unser Selbstwertgefühl stärken. Fehlen diese Alternativen, dann sollten wir sie uns schaffen.

Was uns Freude macht

Für die meisten Menschen besteht der Tagesablauf nicht nur aus Tätigkeiten, die Freude machen. Etwas lernen müssen, ist oft lästig. Das heißt aber nicht, dass wir uns dieser Last vollkommen ausliefern und in Trübsal versinken müssen. Wir haben mehrere Möglichkeiten: Wir können, wie hier beschrieben, versuchen unser Interesse am Lernstoff zu steigern. Wir können uns für die ungeliebte Lerntätigkeit Belohnungen aussetzen. Wir können versuchen, stolz zu sein, dass wir in der Lage sind, Widrigkeiten zu trotzen.

Ob uns Menschen schätzen, die uns wichtig sind

Die Anerkennung von Menschen, die uns wichtig sind, ist für unser Wohlfühlen sehr bedeutsam. Anna Müller, in dem Fallbeispiel zu Beginn dieses Ratgebers, schätzte einen ihren Prüfer und wollte sich vor ihm nicht blamieren. Allein der Gedanke, dass sie vor ihm versagen könnte, hemmte ihre Prüfungsvorbereitungen. Generell brauchen wir die Anerkennung von Mitmenschen, die uns wichtig sind. Wie wir diese Anerkennung jeweils einschätzen, hängt von uns selbst ab und kann sehr verschieden sein. Auch hier ist es nützlich, über Alternativen nachzudenken. Sollte es für Anna wirklich so wichtig sein, was ein Prüfer von ihr hält? Kann sie sich Anerkennung nicht woanders suchen?

Damit sind wir ans Ende unseres Ratgebers gelangt. Wir hoffen, er hat Ihnen genützt. Mit Absicht haben wir den Text kurz gestaltet, er sollte nur das Wichtigste enthalten. Für Kommentare und Verbesserungsvorschläge sind wir Ihnen dankbar (Franz.Schott@tu-dresden.de).

Alles Gute!
Beim Lernen – aber auch sonst!

Literatur

Günther, M., Heinze, R. & Schott, F. (1977). *Konzentriert Arbeiten – gezielt studieren. Arbeitsverhalten im Studium. Systematischer Umgang mit Fachliteratur. Prüfungsvorbereitung.* München: Urban & Schwarzenberg.

Holz-Ebeling, F. & Buchloh, B. (1995). Verbesserung des Arbeitsverhaltens von Studierenden: Evaluation von Maßnahmen am Beispiel eines Trainingsprogramms. *Zeitschrift für Pädagogische Psychologie, 9,* 197-209.

Robinson, F. (1946). *Effective Study.* New York: Harper & Row.

Schlag, S. (2011). *Kognitive Strategien zur Förderung des Text- und Bildverstehens beim Lernen mit illustrierten Sachtexten. Theoretische Konzeptualisierung und empirische Prüfung.* Berlin: Logos Verlag.

Schott, F. (1976). Eigengesteuerte Verhaltensmodifikation (demonstriert am Beispiel Arbeitsverhalten). In W. Belschner, M. Hoffmann, F. Schott & Ch. Schulze (Hrsg.), *Verhaltenstherapie in Erziehung und Unterricht, Band 1: Grundlagen* (4. Aufl., S. 151-179). Stuttgart: Kohlhammer.

Schott, F. (1979). Prüfungsangst, Arbeits- und Konzentrationsstörungen – Fallbericht. In V. Krumm (Hrsg.), *Handlungsrelevanz der Verhaltenstheorien und Pädagogischer Verhaltensmodifikation. Beiheft 2 von Unterrichtswissenschaft.* München: Urban & Schwarzenberg.

Schott, F. & Azizi Ghanbari, S. (2012). *Bildungsstandards, Kompetenzdiagnostik und kompetenzorientierter Unterricht zur Qualitätssicherung des Bildungswesens. Eine problemorientierte Einführung in die theoretischen Grundlagen.* Münster: Waxmann.